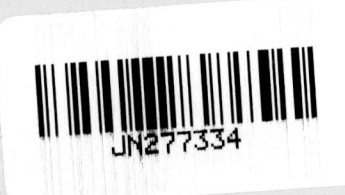

至福の漬物

～進化する農家の漬物～

千葉県・高田幸雄さんのピクルスは素材の色が生きたカラフルさで直売所の人気商品（次ページ参照）

レモンとパプリカ
レンコンとゴボウ
ニンジンとタケノコ

自然でカラフル

今どき人気の農家の漬物

千葉県我孫子市の高田幸雄さんがつくるピクルスは、味のよさに加えて色の鮮やかさ、形のかわいさで人気だ。80種類もの野菜を切り方や組み合わせを変えることで、200種類に及ぶピクルスが生まれる。ビン詰にすることで素材の形も面白く見えて、ついまとめて買って並べたくなる。ピクルス液は酢・水・砂糖・塩にスパイスと化学添加物なしで、これも引き合いが多く販売することになった。使い終わったピクルス液には野菜のエキスがしみ出ているので、オリーブオイルとすりおろしタマネギ、塩、コショウ、ニンニクでドレッシングに…とムダがない。

ピクルス液は「ツクルス」の商品名で販売。通販は「ドレミファーム」にて。
http://www.geocities.jp/doremifarm831/doremifarm.html

高田さんのピクルス

変わり漬け床で鮮やかに

合成着色料ゼロで鮮やかな漬物をつくる北海道仁木町の野々瀬雅子さんの自信作。レシピはp47を参照。

紫色にきれいに漬かるブドウ床で、
ダイコンのブドウ漬け

酢と焼酎で酸っぱくならない味噌床で、
赤カブの味噌漬け

新作漬物 召し上がれ

昔ながらの懐かしい味、それもよし。
でも、「これも漬物にできるの!?」
「こういう漬け方もおいしい！」という
発見もうれしい。漬物のフトコロは広い。

ダリアの球根味噌漬け

ダリアで町おこしをしている福島県塙町の加工グループ「アネッサ」のレシピ。ダリアの球根には毒があるというのは俗説で、実はミネラルたっぷりだそう。ここでは味噌漬けを紹介するが、ワイン漬けや甘梅酢漬けもある。

＜材料＞

ダリアの球根（皮がついたもの）5kg／塩 1kg／味噌 600gくらい／砂糖 100 g／みりん 150ccくらい

＜作り方＞

①ダリアの球根を容器に入れ、塩をふり、球根がひたひたになるくらいに水を加えて6カ月間おく（茶色っぽいアクのようなものが浮いてくるので取り除く）。
②球根の皮をむいて薄切りにし、2日くらい水に漬けて塩を抜く。
③塩抜きしたダリアを、味噌 300gくらいとみりん 150ccくらいを合わせた中漬け液に2～3日漬ける。
④ダリアを取り出し、砂糖 100gと味噌 300gを混ぜ合わせたものに2～3日漬け込む。

ウリのカレー漬け

＜材料＞

シロウリ・シマウリ 4kg／砂糖 1.5～2kg／塩 160g／酢 360cc／カレー粉 30g

＜作り方＞

①ウリを食べやすい大きさに切って、塩で一晩漬ける。
②砂糖、酢、カレー粉を煮て冷ましておく。
③ウリを塩水から上げ、よく水を切る。
④ウリを袋に入れ、冷ましておいた液を流し込む（液はかたまっているが、ウリにかけると溶けてくる）。
⑤袋の外から数回よく揉んでから冷蔵庫に入れる。
⑥3日目くらいから食べられる。

ウリといえば奈良漬け。でもエスニック風味もおいしい。長野県安曇野市の神谷禎子さんのレシピは、しなびずに中まで漬かる切り方（写真参照）が定まるまでに苦労したという。

レタスキムチ

レタスの大産地・香川県の県立笠田高校（三豊市）が開発。水分の出やすいレタスをキムチにするため、苦心の末「粉のヤンニョム」を開発したレタス愛あふれるレシピ。

＜材料＞

レタス1個／食酢 20g

粉末ヤンニョム（キムチ漬けだれ）の材料

粉末トウガラシ 12g／塩 5g／砂糖 10g／煮干しの頭と内臓をとったもの 1g／干しえび粉 1g／切り昆布　短くハサミでカットしたもの 1g／白ごま 5g／すりおろしニンニク 3g／すりおろしショウガ 6g／うまみ調味料 1g

＜作り方＞

①レタス1個をタテ2つに切り、そのまま水洗いし、軽く水気を切っておく。

②ボウルに粉末ヤンニョムの材料を入れ、スプーンでよく混ぜる。

③ビニール袋に切り口を上にしてレタスを入れ、切り口に粉末ヤンニョムを半分ずつすり込み、さらに酢を回しかける。

④ビニール袋の口を閉じ、袋の外から手でもみ込む。

⑤そのまま室温で最低1時間放置する。

⑥その後、冷蔵庫に入れ、ときどき袋の外から手でもみ込む。1日おくと食べられる。賞味期限は1週間くらい。

ゴーヤーの醤油漬け

＜材料＞

ゴーヤー 500g／青トウガラシ 5本くらい／青ジソ 100g／ミョウガ 100g／醤油 50cc／みりん（砂糖）50cc（50g）／酢 10cc／塩 100 gくらい

＜作り方＞

①ゴーヤーは2つ割りにしてタネを抜き、半月の薄切りにする。

② 10％弱の塩水 1000ccを作り、1時間くらいさらす。

③醤油、みりん、酢を混ぜ合わせ、ひと煮立ちさせておく（調味液）。

④青トウガラシと青ジソは細切りに、ミョウガは乱切りにしておく。

⑤水を切ったゴーヤー、青トウガラシ、青ジソ、ミョウガに調味液をかけて軽く重石をして漬け込む。1～2時間で食べられる。

福島県塙町の安部トモ子さんのレシピ。苦みを和らげカリカリした食感を楽しむ、さわやかな食べ方。

タマネギの
50度塩水漬け
（味噌風味）
（ワイン風味）
ゴボウの
80度調味液漬け
（シソ風味）
ネギの
50度塩水漬け
（ユズ風味）
ニンジンの
80度調味液漬け

大島さんが作った「50度塩水漬け」「80度調味液漬け」各種。塩をあまり使わないのでサラダ感覚でどんどん食べられる

野菜の風味や香りも抜群！

驚きの温水漬けで シャキシャキ漬物

タマネギやネギの浅漬けが、これまで食べたこともないようなシャキシャキした食感！　じつにうまい。秘訣は「温水漬け」にあるという。

発明者は漬物を研究して40年以上になる大島貞雄さん（71歳）。埼玉県醸造試験場（現・埼玉県産業技術総合センター）で漬物研究に没頭し、退職後は漬物企業のコンサルタントをしている。今回、大島さんに、家庭で気軽にできる温水漬けのとっておきの技を教えていただいた。「シャキシャキ感」「添加物不要」「短時間でできる」のスーパー漬物、秘伝公開。

タマネギ以外の作り方など詳しくは大島さんが教えてくれるそうです。メールアドレス：opc@ps.ksky.ne.jp（大島貞雄）

タマネギの50度塩水漬け

●漬け方の手順

1 温かい塩水でシャキシャキ処理

50〜60度の塩水に30分

塩分3%の塩水（4ℓの水に塩を120ｇ）を温めてタマネギを入れると、あら不思議。30分でシャキシャキしたタマネギに変身！

温度が70度を超えるとシャキシャキのもとを作る酵素の働きが弱るので注意。

塩水が60度を少し超えたら火を止めてタマネギを入れる（タマネギを入れると温度が少し下がる）

2 熱で辛み成分を飛ばしてタマネギの甘みを出す

70〜80度のお湯に10分

シャキシャキ処理したタマネギは、いったん温かい塩水から取り出し、今度は80度を少し超えたところまで沸かし、火を止めたお湯に入れる（10分間は70度以上に保てる）。タマネギの余分な辛み成分が飛ぶだけでなく、熱殺菌もできる。

タマネギが浮いてこないようにお皿などで重しをする（1のときも同じ）

タマネギは真ん中に切れ目を入れておくと漬かりやすい

シャキシャキ感が出るのはなぜ？

ポイントは酵素の働き。50〜60度の塩水に野菜を10〜30分入れると、野菜の中にある酵素（ペクチナーゼ）が活性化される。すると野菜に含まれるペクチンと、塩水と野菜に含まれるカルシウムやマグネシウムが結合し、ペクチン酸カルシウムやペクチン酸マグネシウムができる。これがシャキシャキした歯切れのよさのもと。コマツナやレタスなどの葉物野菜も、この塩水に10分くらい入れるとシャキシャキしておいしくなるそうだ。

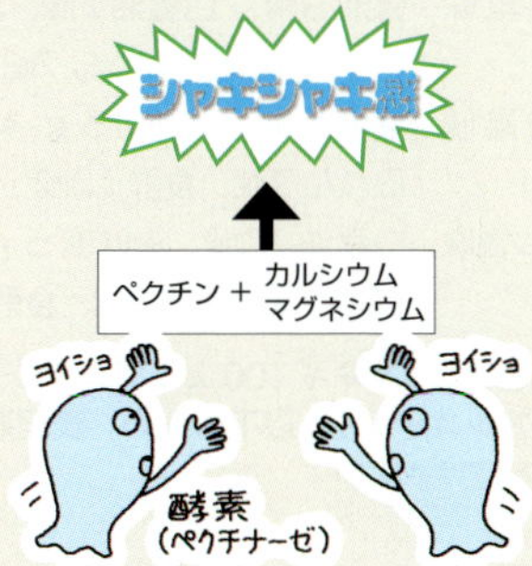

3 調味液に漬けて冷蔵庫で保存すれば完成

70～80度処理が終わったタマネギをポリ袋に入れ、沸騰寸前まで温めた調味液をタマネギの重さの半分量入れる（レモンの輪切りを1つ入れるといっそうおいしくなる）。

空気を抜いて密閉し、冷蔵庫で保存。3日すれば食べられるが、1週間たってからのほうがおいしい。密閉状態なら3カ月間は保存可能。

塩とお湯で
殺菌できるから
保存用の添加物が
いらないんですよ

完成品
（ワイン風味）

タマネギの調味液

醤油風味…醤油8mℓ、白醤油7mℓ、赤味噌5g、料理酒10mℓ、みりん7mℓ、食酢13mℓ

味噌風味…醤油5mℓ、赤味噌15g、料理酒10mℓ、みりん7mℓ、食酢13mℓ

ワイン風味…白醤油10mℓ、赤味噌5g、赤ワイン10mℓ、みりん12mℓ、食酢13mℓ

※処理したタマネギ100gに対しての分量。みりんはアルコール1%以下のもの。表記順に鍋に入れると溶けやすい

醤油風味と味噌風味は万人ウケするおいしさ。ワイン風味はワインの香りがほんのり

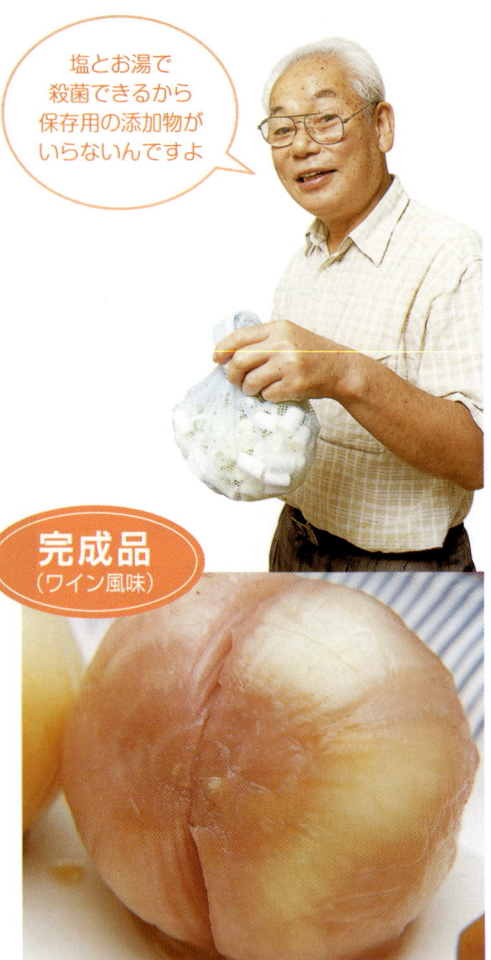

農家が教える

至福の漬物

農家がつくる雑誌・月刊「現代農業」には、毎月、全国の農家の知恵や技が寄せられます。その中で、1978年以来35年にわたって続く人気連載が図解の「漬け物お国めぐり」です。本書は、そのうち2001年以降に紹介された"自慢の一品"を中心に、連載以外で漬物を取り上げた記事も加えてまとめたものです。*

いま、各地の直売所では手づくりの漬物がひっぱりだこ。昔ながらの懐かしい味や地方色豊かな郷土の漬物。素材を生かしたカラフルで減塩志向の新しい漬物に、塩麹や麹の自在な使い方、秘伝の漬け床……。

旬の作物を保存する。規格外や未熟なものもおいしく食べる。発酵でおいしさをアップし、ヘルシーに食べる。そんな、よいことずくめで進化を続ける農家の漬物の数々。どうぞつくってみてください。味わってみてください。

2013年3月
社団法人　農山漁村文化協会

＊1978～2001年までの連載は単行本『図解　漬け物お国めぐり』(春夏編・秋冬編)の2冊にまとめられています。本書の姉妹編としてご利用ください。

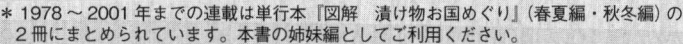

農家が教える 至福の漬物 ● もくじ

至福の漬物 ～進化する農家の漬物～

1 何でもおいしい 塩麹漬け・麹漬け

2 秘伝公開！「漬け床」にワザあり

3 素材別 自慢の漬物大集合

3

4 春と秋の山菜漬け

5 味つけが光る 果物の漬物

何でもおいしい
塩麹漬け・麹漬け

すっかり定番調味料となった塩麹。漬物にも大活躍、あれもこれも塩麹の力でひと味ちがうおいしさに。まぜるだけ、漬けるだけの手軽さが魅力。

一方で、麹を加えてじっくり発酵させる、昔ながらの麹漬けのおいしさもまた格別。「漬物は生きている」ことを実感できる麹を使ったレシピをお楽しみあれ。

一年中、麹ざんまい！

飲んで、漬けて 健康に

✣ 茨城県古河市・小林輝久さん

デルフィニウムのハウスで甘酒を飲む小林輝久さん

冷たい甘酒は うまくて栄養満点

花のハウスの中、小林輝久さんがペットボトルで飲んでいるのは、じつは自家製の甘酒。輝久さんが毎週作って一年中、飲んでいる。

輝久さん、冬はホットで飲むのはもちろん、花の収穫がいちばん忙しい5月は、毎朝この冷やした甘酒をハウスに持参して水代わりにゴクゴク飲む。いや、忙しいときは朝ご飯を食べる暇もないから、ご飯代わりにも甘酒を飲む。

「冷たくして飲んでみろ。こんなにうまいもんないぞ！　それに甘酒は飲む点滴っていうくらい栄養満点のドリンク。夏バテもしないし、病院もホント行かないよ」と、甘酒にぞっこんなのだ。

おかゆと麹を混ぜ、一晩保温しておくだけ

甘酒を毎週作るのは面倒じゃないのかと聞くと、「簡単だよ。簡単じゃないと長続きしない。長続きしないものはダメだ」と輝久さんは断言。

その方法とは、家庭用炊飯器（1升炊き）を使うやり方（図1）。2合

図1　輝久さんのカンタン甘酒作り

材料　もち米 1合　うるち米 1合
水 1升分　麹 500g
塩 スプーン 1/2

（もち米で甘み、うるち米でサッパリ感がでる）

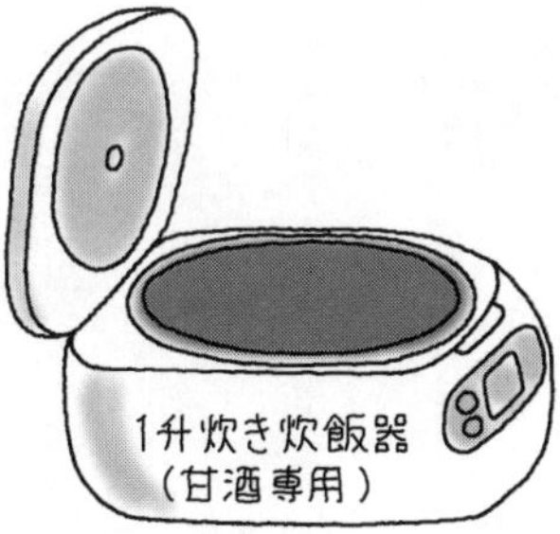

①夕飯前に、米に塩と水を加えておかゆを炊く。米の5倍量の水でゆるめに炊くと、仕上がった甘酒を水で薄めずにすぐ飲める。

②夕飯後、フタを開けておかゆが60度（熱くて指を長くさし込んでいられない温度）に冷めたら、麹をよくほぐして入れ、かき混ぜる。

③フタを閉めて保温。

※翌朝には 1.5ℓペットボトル７分目の甘酒が２本分完成。ミキサーにかけて、のどごしをよくする。時間がたつとアルコールっぽくなるので冷蔵庫で保存

のお米を１升分の水で炊いておかゆを作り、そこに麹500ｇをよく混ぜてフタをし、保温スイッチを入れて一晩おくだけ。

人によっては、温度が上がりすぎないように炊飯器のフタは開けて布巾をかけておくとか、温度チェックのために炊飯器に付きっ切りがいいとかいうが、輝久さんは「フタしっぱなし」。

前日にも作ったという甘酒をいただくと、さらりとしているが、やわらかい甘みがあとからジワーッ…。米に対して麹の量が多めのせいか、「フタしっぱなし」の簡単製法でも甘い。これなら長続きしそうだ。

もっと簡単な方法として、麹と水だけで作ったこともあるが、輝久さんには甘さがしつこかった。さらりとした甘酒を毎日飲みたい輝久さんには、お米を加える今の方法がいちばんなのだ。

日本人の口になじんだ米と麹なら間違いない

輝久さんが甘酒を好んで飲むようになったのは、若い頃に胃の摘出手術をした影響が大きい。

23歳のときに胃の４分の３を取っ

た。手術後１週間はお腹が痛くて動けず、ベッドに寝たきりの日々。その後、50歳近くになっても貧血で何度も倒れた。そんなとき、病院の帰りに友人が実験して見せてくれたのが、米と麹で作ったサプリメント。水で溶いた片栗粉の中にその米と麹のサプリメントを入れると、５分もたたないうちにサラサラになったのを見て、「あぁこれだなと思った」と輝久さん。

「麹の酵素がデンプンを糖化したん

輝久さんが作った甘酒と、塩麹、醤油麹。醤油麹は、麹500ｇと醤油500ccを混ぜるだけ。醤油代わりに使う。麹は近くの味噌屋から500ｇ630円で購入

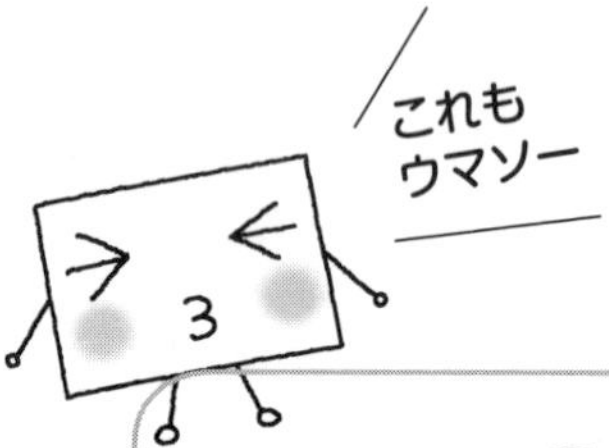

図2　輝久さんのカンタン塩麹料理

塩麹豆腐

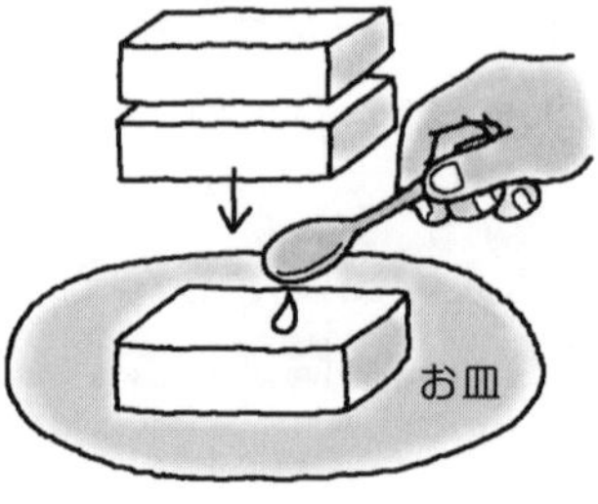

水を切っておいた豆腐に塩麹をスプーン１杯かける。これを何段か重ねる。重石なしで一晩おく。豆腐がチーズみたいな味になる

ナス・キュウリの一夜漬け

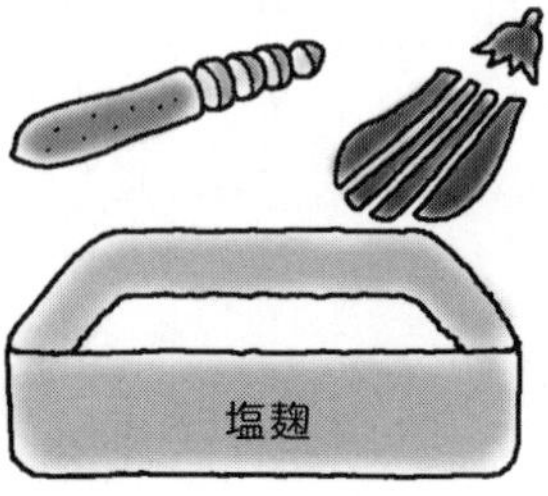

塩麹にナスやキュウリを一晩漬け込むだけ

だと教えられて、なるほどなあって。米と麹は昔から日本人が口にしてきたもの。これなら間違いないなあって思ったの」

　それ以来、輝久さんは麹に「食らいついちゃった」のである。

塩麹豆腐は
チーズみたいになる

　そんな輝久さんが最近ハマっているのが塩麹。ご存じ、塩と麹と水で作る簡単調味料だ。これも輝久さんが作る。「うちのお母ちゃんは病気したことないから、食べもので健康になろうなんて思ってない。だから自分で作るのさ」。

　その作り方は、麹700 gと天然塩200 gに、水を麹と塩がひたひたになるくらい入れて１日１回混ぜ、１週間から10日おくだけ。火にかける必要もなく、材料も単純。

　といっても、塩麹は調味料だから甘酒のように飲むわけにはいかない。調理する必要はある。そこも輝久さん、簡単な料理（？）を考案した。ひとつは畑でとれたナスやキュウリを切って、塩麹に一晩漬けるだけの「一夜漬け」。さらにもうひとつは、水を切った豆腐に塩麹をかけて何段か重ねておく「塩麹豆腐」。豆腐が塩麹のおかげでチーズみたいな味になるのだそうだ。これも輝久さんにいわせると「麹の力だべ」ということになる。

甘酒と塩麹が大好きな輝久さんと、花が大好きな奥さんのきみ枝さん

塩麹と甘酒、混ぜてみたら…

　ところで、以前にはこんなこともあった。塩麹の塩を今より多く、麹の３分の１の割合で入れたときのこと。できた塩麹があんまりしょっぱいので、甘酒を足してみた。そこへナスやキュウリを入れたら、塩麹だけのときより、甘みが出て深い味の一夜漬けになったのだという。

「塩麹と甘酒は親せきみたいなもの。仲がいいんじゃねえ？」

ズッキーニの塩麹漬けがイケる

田村和昭

ズッキーニの塩麹漬け。ビニール袋に小さめのズッキーニ（1kg）と塩麹（120g）を入れて、3日漬けるだけ。見た目はキュウリに似ているが、もっと甘みが強い

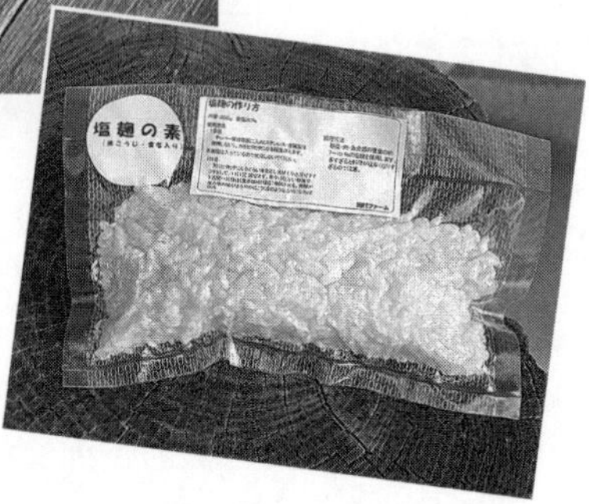

筆者が販売している塩麹のもと。約200gで300円

自分で3反歩もつくってはいるものの、なかなか上手な食べ方が思い浮かばないズッキーニ。簡単な料理で、たくさんの人に食べてもらう方法がないかと考えていた。

世の中は塩麹ブーム。そんななか、妻がズッキーニの塩麹漬けをつくった。

毎年地区で行なわれる夏の農休みに、今年はズッキーニの塩麹漬けを持参。キュウリの塩麹漬けより甘みがあり、食感はサクッではなくザックリ。これが評判。ズッキーニで漬物ができることにみんな驚いていた。確かに、焼き肉のタレ味じゃないズッキーニは新鮮だ。

塩麹のもとも販売中

最近、わが家にはいつも塩麹がある。「塩麹のもと」を直売所や道の駅

で販売するからだ。わが家の米麹に30％の食塩を混ぜて、真空パックで包装したもので、買った人が自分で塩麹を作る。こちらで塩麹にしてしまうと日持ちしないし、ビン代も高くつく。

塩麹のもとは、月に15パックぐらい売れる。手間がかからず、一緒に野菜も売れる。これからも続けていくつもり。　（長野県中之条町）

浅漬け 塩麹豆腐もうまい

✣秋田県三種町・金子ナカさん

金子さんの方法でつくった浅漬けの塩麹豆腐

11ページで、茨城県の小林輝久さんが紹介してくれた「塩麹豆腐」。小林さんと同じく、塩麹にハマっている秋田県の金子ナカさん（61歳）も、記事を読んでさっそく挑戦してみた。

ナカさんの塩麹豆腐は「浅漬け」だ。しっかり水切りをした木綿豆腐を４等分して、上下に塩麹を塗る。それをトレイに並べて、冷蔵庫で丸１日おく。３～４日漬けたときは、小林さんが記事のなかで言っているように「チーズのような味」になるのだが、ナカさんにはどうもクセが強いように感じた。

浅漬けの塩麹豆腐はまだ豆腐の味が残る。塩麹のしょっぱさが豆腐の甘みを引き立ててくれ、おいしい。調味料は何もかけず、冷奴のようにそのまま出す。家族にも評判の一品だ。

こんにちは〜。

福岡県みやこ町で田舎暮らしをする猟師の妻、通称「猪かあちゃん」です。ダーリンが山の神様からいただいてきた獣肉をお惣菜に加工して、町内の農産物直売所「よってこ四季犀館」で販売しています。

猟師が「獲物が大きかった」と言うときは、たいてい肉質は硬め。「塩麹はお肉を軟らかくする」という話を聞いて使ってみました。

イノシシもシカも塩麹漬け

中原裕美余

これは塩麹に1週間漬けた
イノシシ肉のボイルサラダ仕立て

イノシシ
スライス肉なら30分、ブロックなら数日冷蔵庫に

使い方はとても簡単です。イノシシ肉の重量の10％の塩麹をまぶしてモミモミ。その後、スライス肉なら30分から1時間もおけば大丈夫。そのまま野菜炒めに。調味料いらずですよ～。

私の場合は塊（ブロック）のまままぶします。すぐに料理に使えなくてもいいので。塩麹をまぶした肉を保存袋に入れて空気を抜き、冷蔵庫へ。

こうして1日漬けたイノシシ肉の食べ方は、麹を洗い流し、水気を切ってカット。カレー等の煮込み料理、またはステーキ、焼肉等に。2～3日漬けにすると、ブロックの外側周辺のみ、味が染みていますね。とはいってもそれだけでは物足りないお味なので、火を通したらポン酢等をプラスして。4～7日漬けでは、お肉の水分もかなり抜けて引き締まって（?）いますよ。中までかなりの塩味。茹でたり焼いたりしてから、野菜といっしょにサラダ感覚で。ドレッシングいらずで食べられます。

シカ
私のお気に入り、塩麹漬けタタキ風

「シカ肉は焼きすぎると硬い」といわれるとおり、スライスして焼くときは弱火でゆっくりと。塩麹に漬け込んでから焼くと、軟らかく、いい塩加減でおいしくいただけますよ。猟師たちにも、シカ肉の塩麹漬けは人気です。

私が好きなのは、塩麹に1週間近く漬け込んでから焼いたもの。麹を洗い流し、水を切ってからフライパンで周囲に焼き色を付け、氷水で引き締めてタタキ風に。生ハムみたいでおいしく感じました。

塩麹は、味噌を作るのと同じ米麹を使って自分で作っていますが、子どもたちは味噌汁はＯＫでも「これは好きじゃない」とのこと。大人でも、麹のにおいが苦手な方にはお勧めしていませんけどね。ちなみに、塩麹の代わりにヨーグルトに漬け込みもあり、らしいです。

（福岡県京都郡みやこ町）

塩麹でおいしくなるのはなぜ？

岡本啓湖

今、塩麹がたいへんな人気を博しています。

塩麹ブームの火付け役である大分県佐伯市「糀屋本店」の女将・浅利妙法氏は、肉や魚には10％の塩麹をまぶして１時間ほどおく、野菜も10％の塩麹をまぶし一晩おくとおいしくなると伝えています。確かに塩麹を使うと料理の腕が上がったと言われるほどおいしくなります。それはなぜでしょうか。

塩だけでも肉・魚のアミノ酸が出てくる

一番わかりやすいのが、肉、魚です。これらはほとんどタンパク質からできています。肉、魚を形作るタンパク質は大きな物質ですので、そのまま口にしても私たちは味を感じません。味を感じるにはアミノ酸のような、形のない、水か油に溶ける小さな物質になることが必要です。肉、魚は、アミノ酸が出てくることでおいしくなるのです。

塩麹の成分は麹、塩、水で、その割合は、一例を示すとそれぞれ37.5％、12.5％、50％です。通常、塩麹は材料に対して10％使いますので、塩分は材料の1.25％。この塩分だけでも、肉、魚にかけますと浸透圧作用により細胞内の水分が細胞外に浸出し、同時にタンパク質が自己分解して生じたアミノ酸も出てきます。肉や魚が塩だけで焼いてもおいしくなるのはこのためです。

多種類の酵素が生み出すアミノ酸のハーモニー

塩麹の必殺技は、塩に加えて麹の働きがあることです。麹は、麹菌を蒸し米に大量に繁殖させたもので、日本酒、焼酎、醤油、味噌、甘酒など日本古来の発酵食品に欠かせない重要な材料です。麹菌は多種類の分解酵素を菌体外に作り出します。したがって、麹菌がたくさん殖えた麹には多種類の酵素が大量に存在することから、「酵素の宝庫」と呼ばれています。

タンパク質を分解する酵素をプロテアーゼといいます。現在わかっているだけでも、麹のプロテアーゼにはタンパク質をペプチド（アミノ酸が9～13結合したもの）にまで分解する７種類のプロティナーゼと、さらにこれらペプチドをアミノ酸にまで分解する11種類のペプチダーゼがあり、またアミノ酸の１つであるグルタミンからグルタミン酸を生成するグルタミナーゼも持っています。これらの酵素により肉、魚のタンパク質が分解されてアミノ酸になり、その結果、各種アミノ酸のハーモニーにより肉、魚のおいしさが引き出されるのです。

一晩漬けたら、麹の効果が発揮された

鶏のささみを、塩麹抽出液と食塩水、水にそれぞれ30分漬けて、アミノ酸の種類と濃度を測定してみました（図–A）。肉の旨味であるグルタミン酸は、塩水抽出液がもっとも高く、塩麹抽出液の1.69倍、水抽出液の2.04倍でした。必須アミノ酸ではバリンのみ塩麹抽出液がもっとも高いですが、他の必須アミノ酸６種類と非必須アミノ酸４種類の量は塩水抽出液が多いことがわかりました。漬け込み30分では麹の効果は見られず、塩の効果が突出しています。

ところが、漬け込む時間を一晩にすると、グルタミン酸は塩麹抽出液がもっとも高く、塩水抽出液の2.14倍、水抽出液の1.4倍となりました（図–B）。必須アミノ酸６種類と非必須アミノ酸４種類の量も塩麹抽出液が多いことがわかります。漬ける時間を長くすることで、麹のプロテアーゼ効果が現われ、各種アミノ酸が増加するのです。

塩麹の浅漬け
（黒澤義教撮影）

野菜は塩＋糖の力で早くしんなりする

塩麹を使うと、短時間でおいしい漬物ができるということも評判になっています。野菜に対する塩麹の効果を解明する前に、まず塩の効果を考えてみましょう。

野菜は多数の細胞によって作られ、各細胞は固い細胞壁に囲まれていますが、周囲に食塩水があるとその浸透圧作用により、細胞内の水分が細胞外に浸出し、しんなりした状態になります。この状態で塩は細胞壁を通して細胞内に入り込み、野菜に塩味が付きます。また野菜の細胞中の酵素作用により自己分解も起こり、呈味成分（味を感じさせる成分）が生成され、生野菜の青臭みが消え、漬物独特の風味が生成されると考えられています。

塩麹で漬物にするときの塩分濃度も、塩だけで浅漬けをするときの塩分濃度（1～3％）に近いので、塩の恩恵を受けています。そこに麹の力が加算されます。麹はアミラーゼ（デンプン分解酵素）活性も強く、蒸し米のデンプンをブドウ糖に変えます。漬ける野菜に10％の塩麹を加えた場合、糖分は約2.8％になります。塩麹漬けの野菜はこの糖分によっても塩分同様の浸透作用を受け、塩だけの場合より短時間でしんなりとなるわけです。

塩に糖とアミノ酸が加わった調味料

また、塩麹に野菜を短時間漬け込んだときは、肉や魚のときと違い、塩麹は調味料として働くと考えられます。

麹の糖分は主にブドウ糖ですので甘さは砂糖の半分以下。この糖分が野菜の細胞の中に入り優しい甘みをつけるので、塩漬けでは出ないおいしさが生まれます。さらに塩麹には、蒸し米中のタンパク質を分解して生成されたアミノ酸がすでに含まれていますので、これも野菜に取り込まれ、おいしさが付加されるのです。

塩麹は、甘酒に匹敵するアミノ酸の宝庫（10種類）と言ってよいでしょう。グルタミン酸、アスパラギン酸は旨みと酸みを、セリン、グリシンは濃度により甘みや旨みを呈し、他のアミノ酸もおいしさを引き出すうえで欠かせない存在です。こうしたアミノ酸が漬け込む野菜に取り込まれ、塩漬けにはないおいしさが引き出されると考えられます。

（別府大学食物栄養科学部発酵食品学科）

各条件でささみ 100 gから得られた抽出液に含まれるアミノ酸の種類と量

A：30分漬け込み

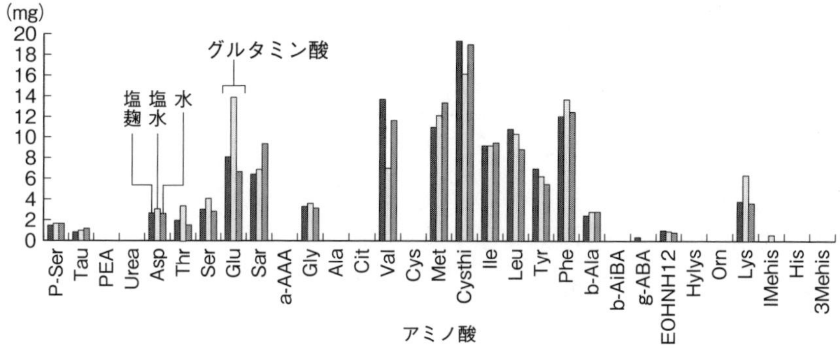

B：一晩漬け込み

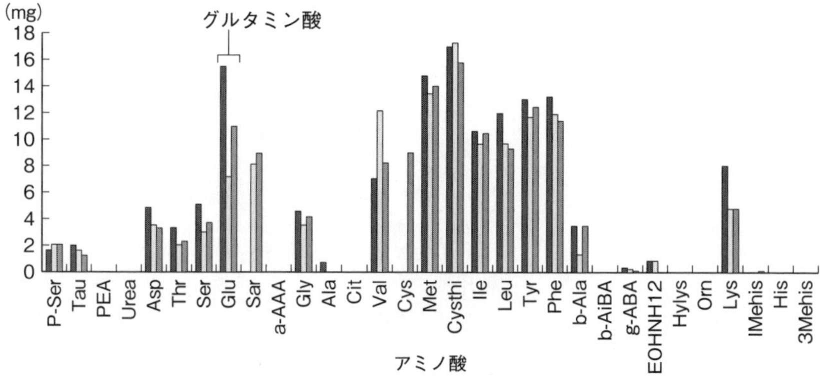

アミノ酸の略語

略語	アミノ酸名
Asp	アスパラギン酸
Thr ★	トレオニン
Ser	セリン
Glu	グルタミン酸
Gly	グリシン
Ala	アラニン
Val ★	バリン
Cys	システイン
Met ★	メチオニン
Ile ★	イソロイシン

略語	アミノ酸名
Leu ★	ロイシン
Tyr	チロシン
Phe ★	フェニルアラニン
Lys ★	リシン
His ★	ヒスチジン
Arg	アルギニン
Asn	アスパラギン
Gln	グルタミン
Trp	トリプトファン
Pro	プロリン

★印は必須アミノ酸。
無印は非必須アミノ酸

セロリの麹漬け

セロリをつくるようになったとき、母のウリのこうじ漬けをまねて、セロリのこうじ漬けに挑戦してみました。使うのは、加工用として安値でしか売れない外葉です。
砂糖は使いませんが、こうじの甘みがあって、とても美味しいです。塩こうじが注目されていることもあり、直売所での売れ行きも上々です。

こんなに
立派なのに
もったいない
外葉
外葉
茎の太い外葉を
とっておく(幅4〜5cmのもの)

〈材 料〉

セロリの外葉(茎のみ)	5kg
塩	1.1kg
米こうじ	2kg

葉っぱはとる

福岡県みやま市 坂田千代子

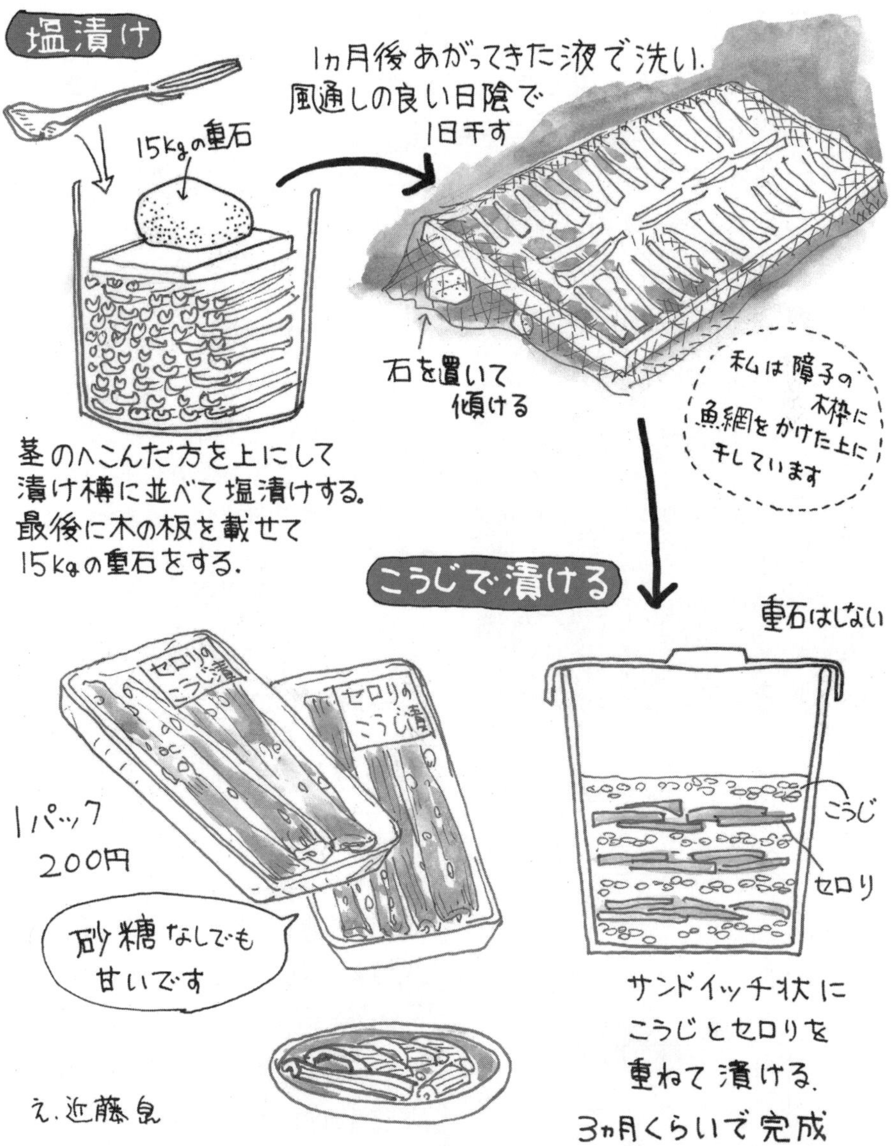
塩漬け
15kgの重石
1ヵ月後あがってきた液で洗い、
風通しの良い日陰で
1日干す
石を置いて
傾ける
私は障子の
木枠に
魚網をかけた上に
干しています
茎のへこんだ方を上にして
漬け樽に並べて塩漬けする。
最後に木の板を載せて
15kgの重石をする。
こうじで漬ける
重石はしない
セロリのこうじ漬
セロリのこうじ漬
1パック
200円
砂糖なしでも
甘いです
こうじ
セロリ
サンドイッチ状に
こうじとセロリを
重ねて漬ける。
3ヵ月くらいで完成
え・近藤泉

ナスのふかし漬け

米やこうじをふんだんに使って、甘くもあり塩辛くもある独得な風味を作り出す 秋田県南の米作地帯の 伝統的な発酵食品です。
下漬けすることなく ただちに漬け床に漬けるという方法も 特徴的だと思います。
私の地域では「ふかしナス」と呼んでいます。

〈材料〉
丸ナス・・・・・・4kg
(手の平で握れるくらいの大きさ)
米・・・・・・・・1升
麹・・・・・・・・1升
塩・・・(10月末)2合～(9月中旬)4合
(漬け込む時期によって変える)
砂糖・・・・750g～1kg
ミョウバン・・・・少々
ナンバン・・・・5本くらい

(丸ナスがなければ
ふつうのナスでもできる。)

① 米をふかす

洗って30分くらい水に浸けた米を ふかし器に入れ、やや硬めにふかす。米のにおいがただよってきたら火をとめて冷ましておく。

② ナスの下ごしらえをする

丸ナスに 塩少々とミョウバンを加え、オケを振りながらよく混ぜる。

こうすると 漬けても ナスの色がきれいに保たれる。

秋田県大仙市　富樫厚子

3 漬け床をつくる
ふかした米
塩
砂糖
麹
材料をいれて
よく混ぜあわせる。
4 ナスと漬け床を
交互に漬け込む
はじめはしっかり重石を
のせるが、水が上がったら
軽めにする。
ナンバンを
上にのせる
ナス
漬け床
雑菌が入るのを
防ぐため、最後に
上から焼酎を
1合くらい
かける人もいます
冷暗所で60〜90日
置いたらできあがり
え・近藤泉

納豆のべっこう漬け

わが家で毎年手づくりしている納豆を、もっとおいしくいただきたくて一工夫してみました。
お正月に飾ったスルメや昆布を使います。1ヵ月で食べきる量を、そのつどつくるようにしてください。

① スルメと昆布はぬれぶきんでふき、幅2cm長さ4cmくらいの短冊に切る。

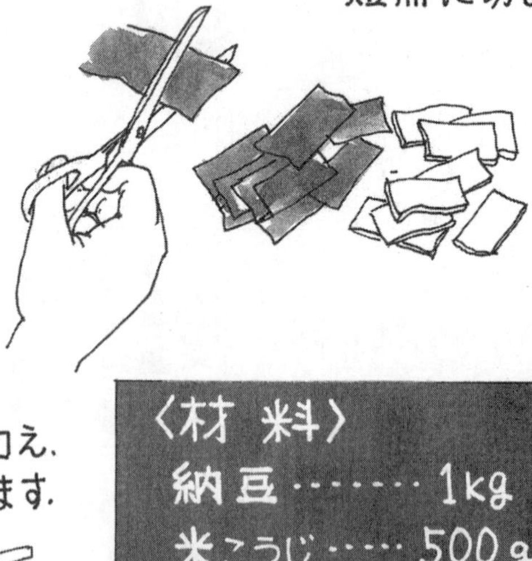

② 水150ccに塩を加え、煮立ててから10分さます。

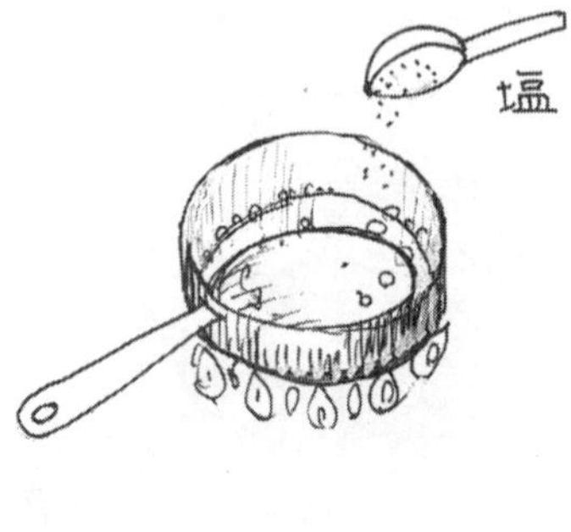

〈材料〉

納豆	1kg
米こうじ	500g
スルメ	200g
昆布	30g
塩	50g
水	150cc

茨城県つくば市 中島民子

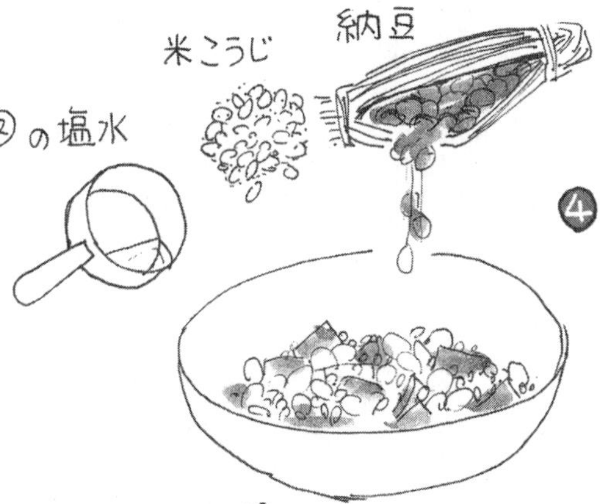

③ 容器に、塩水、納豆 米こうじをいれ、よく混ぜあわせる。

④ ①のスルメと昆布を入れて 混ぜあわせる。

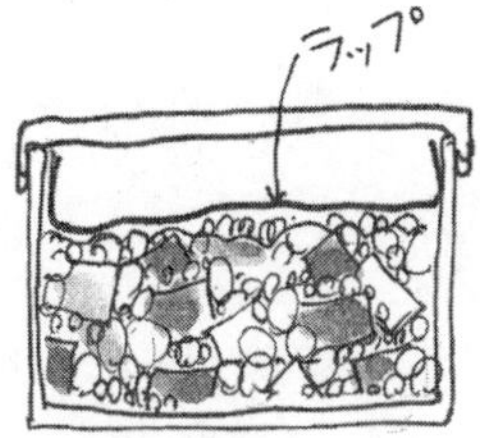

⑤ ④を広口ビンやタッパーに きっちりつめて 表面をラップでおおい、フタをする。

冬は冷暗所、夏は冷蔵庫で10～15日おく。
スルメや昆布が やわらかくなった頃が 食べ頃です。

(え) 近藤 泉

納豆の玄米三五八《さごはち》漬け

わが家の食卓に欠かせないのが「納豆漬け」。ダイズの風味にこうじの甘さと塩味が混ざり、まろやか。疲れた時でもご飯が進みます。昔ながらの方法だと、煮たダイズに塩と甘酒のもとを混ぜてつくるので、完成するのに2〜3ヵ月かかりましたが、「納豆の三五八漬け」なら簡単。「納豆漬け」が大好きな主人にも「これはうまい!」と好評です。

❶玄米を炊く

こうじをまわりやすくするため、玄米の表面に傷がつくように
洗う

2日間 水につける

白米の場合と同量の水加減で
炊く

その後保温して30分蒸らす

ボウルに移し、人肌になるまで冷ます

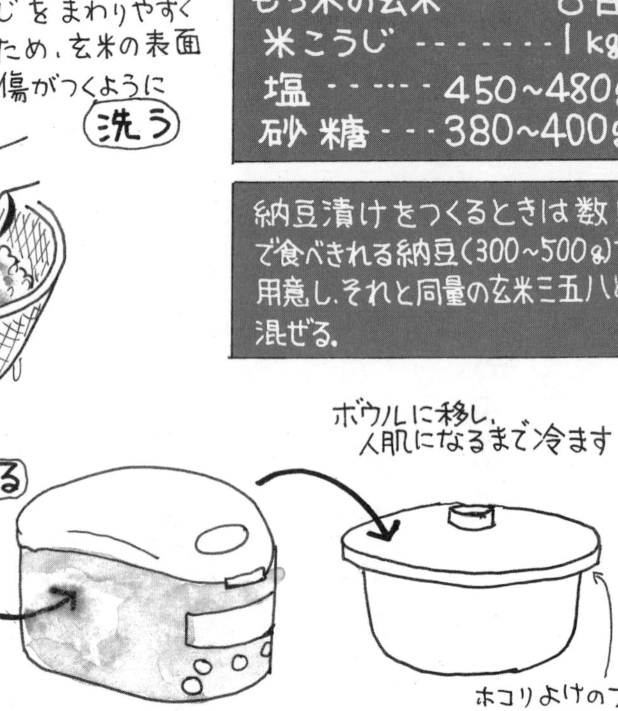

〈玄米三五八の材料〉

もち米の玄米	8合
米こうじ	1kg
塩	450〜480g
砂糖	380〜400g

納豆漬けをつくるときは数日で食べきれる納豆(300〜500g)を用意し、それと同量の玄米三五八と混ぜる。

山形県白鷹町　紺野佳代子

② 玄米三五八をつくる
塩
砂糖
米こうじはほぐして入れる
空気が入らないように落としブタ
ビニール
2週間で玄米三五八の完成
③ 納豆と玄米三五八を混ぜる
納豆を5mmくらいに刻む
凍らせておくと切りやすい
納豆と同量の玄米三五八
に1の割合で混ぜ
2日おけば食べられる
納豆と玄米が一緒に食べられるので健康にもいいです
え 近藤泉

ダイコンの玄米漬け

この辺りでは ほとんどの農家が つくっている漬け物です。たくあんよりも さっぱりしています。 うちでも10月20日ごろになると、ダイコンを抜いて 洗って干し、4斗樽1つ分くらいを漬けます。 主人は漬け物なしでは いられない人で、バリバリとよい音を立てて 食べてくれます。

おいしく作るコツは、たっぷりの 漬け床を使うことです。

① ダイコンは への字に 曲がるようになるまで8~10日間干す

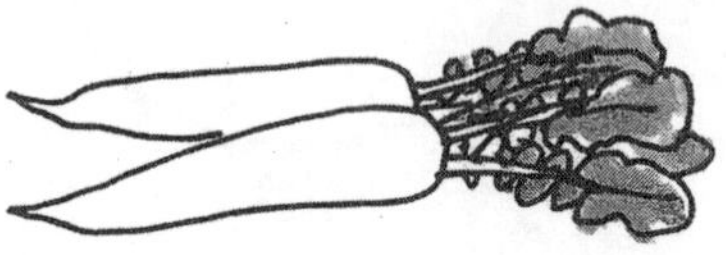

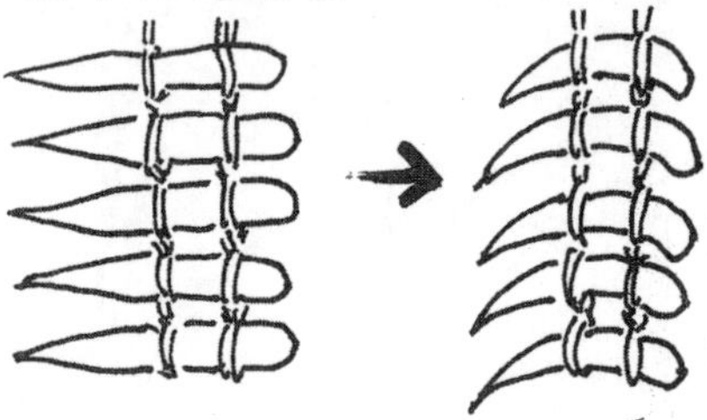

〈材 料〉

	ダイコン	40本
	玄米	4kg
Ⓐ	こうじ	450g
	ザラメ	カップ10杯
	塩	干したダイコンの重さの7%
	たくあん漬けの素	少々
	本みりん	カップ3杯
	赤ナンバン（干したもの）	5本

② 大きめの鍋で、玄米をやわらかく炊く

北海道深川市 浅井法子

③ 冷めた玄米に
Ⓐの材料を加え.
木べラで混ぜ合わせて
一晩寝かせる.

ほぐして
入れる
こうじ
赤ナンバン
きざんで入れる
塩
本みりん
ザラメ
たくあん
漬けの素
黄色い色づけの
ために入れる.
なくてもいい.

③ 樽にビニールの漬け物袋
を入れて 下から②とダイコンとを交互に
漬けていく。 口は輪ゴムでしばっておく。
内ぶたをして重石をする.

重石

④ 数日で水が上がってくる
ので. ボウルで水をすくって
捨てる.
2ヵ月くらいで食べられます。

え・近藤泉

炒り大豆でタクアン漬け

わが家のタクアンは、米ヌカを使わず、炒った大豆を石臼で挽いて粉にしたもので漬け床をつくります。炒り大豆の香ばしさがタクアンに移りコクが出ます。
東京に住む子どもたちに送る荷物に、いつも漬け物をそっと入れておくのですが、炒り大豆を使ったタクアンだと、ニオイがキツくないので、喜ばれます。

〈材料〉

ダイコン		60kg
漬け床	大豆	3升
	白米	3升
	米こうじ	3升
	塩	8合
	ザラメ	1kg
	だし用コンブ	200g
	削り節	400g

① ダイコンを干す

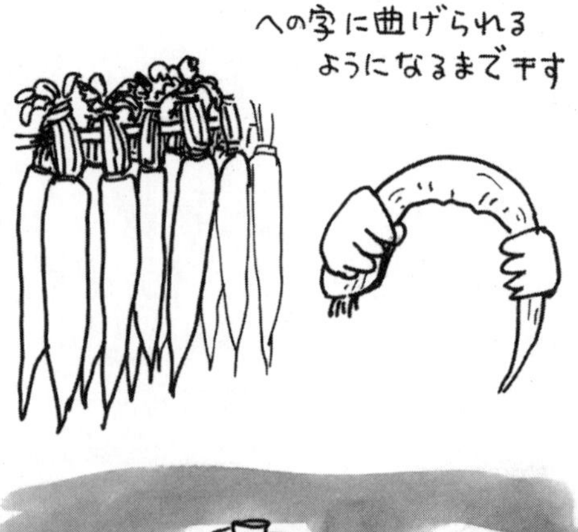
への字に曲げられる
ようになるまで干す

② 漬け床をつくる

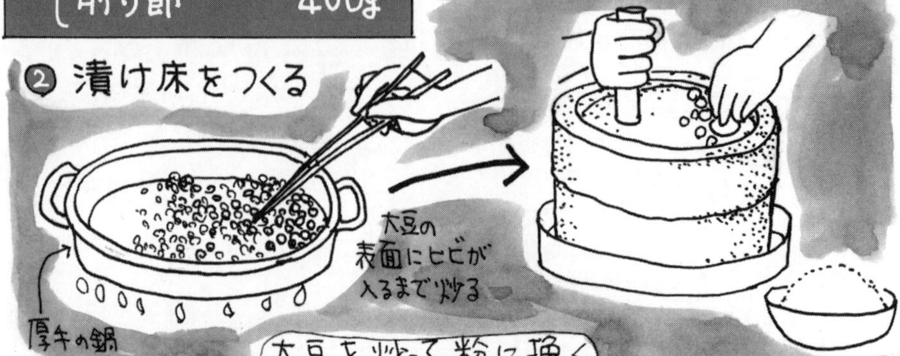
大豆の
表面にヒビが
入るまで炒る
厚手の鍋
大豆を炒って粉に挽く

福島県矢吹町 ● 安田フク

え・近藤泉

山菜のドブロクもろみ

半年間もの長い冬に入る頃になると、ドブロクもろみを毎年作ります。あるとき、それに塩漬けした山菜を入れて食べてみました。とてもおいしかったので、それからはいろいろなものを漬け込んで食べています。

ドブロクもろみの作り方

〈材料〉

ドブロク(もと)	どんぶり1杯
麹	1kg
蒸し米	1升
水	1升

「もと」になるドブロクは、イーストなどを使って自分で作れれば一番いいが、作れないときは、酒粕(練り粕)を使ってもいい。

① 材料を大きめの樽に入れて混ぜ、毛布にくるんで居間に置く。

包装紙などでフタをして、エンピツなどで軽く穴を開ける
毛布
3日くらいでポコポコわいてくる

② 3日くらいたつと、酒のいいにおいがしてくる。

この頃のドブロクもろみはそのまま食べても甘くて最高においしい。

よく混ぜて冷暗所に移す。その後は1日おきくらいに軽く混ぜる。この頃から酸っぱくなる前まで使える。

漬け

山形県鶴岡市 藤原静代

漬け物の作り方

〈材 料〉
ワラビ、フキ、キノコ、ウド
イタドリ、アイコ（ミヤマイラクサ）
青コゴミ などの塩漬け

できるだけ きつく 塩漬けしておく。

① ほどよい塩気が残るくらいに 塩抜きする。

使うのは１種類だけでもいいし、数種類混ぜてもいい。

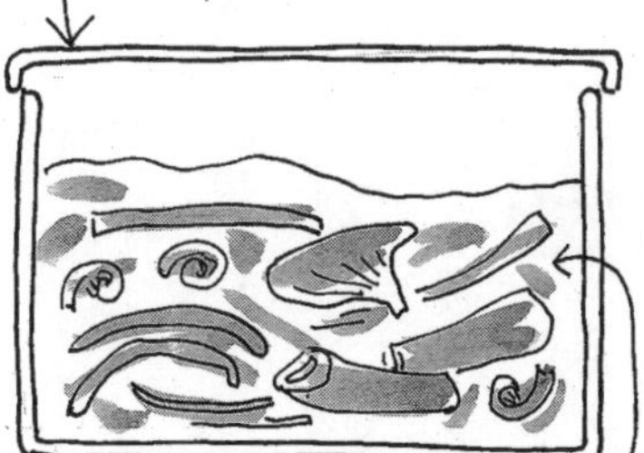
フタはきっちりしめず 軽くのせるぐらい
七分目くらいまで入れる
わいてくるので冷暗所におく

② 大きめのプラスチック容器に、ドブロクもろみと 塩抜きした材料を混ぜて漬け込み、３日くらいたてば できあがり。

細く切って 塩もみした
ハクサイ、ダイコン、ニンジンなどを
ドブロクもろみ と 混ぜる だけ
でも、おいしいです。
残ったドブロクは みそ汁に
入れたりして 食べています。

え・近藤 泉

キャベツのニシン漬け

こちらでは冬になると必ずニシン漬けを作ります。家によって作り方はいろいろです。私はキャベツを多く使ったものが食感もよくて好きです。なるべく寒くなってから長い時間をかけて漬けるほどおいしくなります。

〈材料〉

ダイコン	6kg
キャベツ	4kg
ニンジン（小ぶり）	3本
身欠きニシン	15本
こうじ	800g
塩	300g
昆布	約24cm
トウガラシ	100g

① 材料を切る。

ダイコン

皮をむかずに使う

4つ割りして乱切り

ニンジン

皮をむいて使う

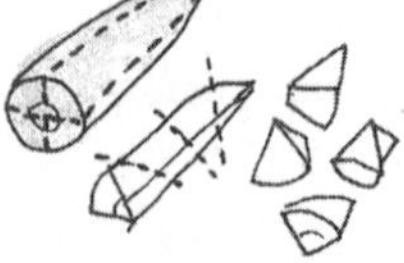

4つ割りして乱切り

身欠きニシン

米のとぎ汁に1〜2晩浸してから

3cmにブツ切り

キャベツ

8つ割りして芯を取る

小さく切らない方がおいしい

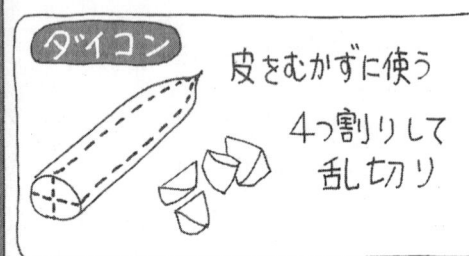

② こうじに昆布、ニンジン、トウガラシを混ぜる。

こうじは、ぬるま湯を湿らせる程度に加えてやわらかくする。

こうじ
トウガラシ
ニンジン
昆布
(1cmくらいに切る)

③ 本漬け

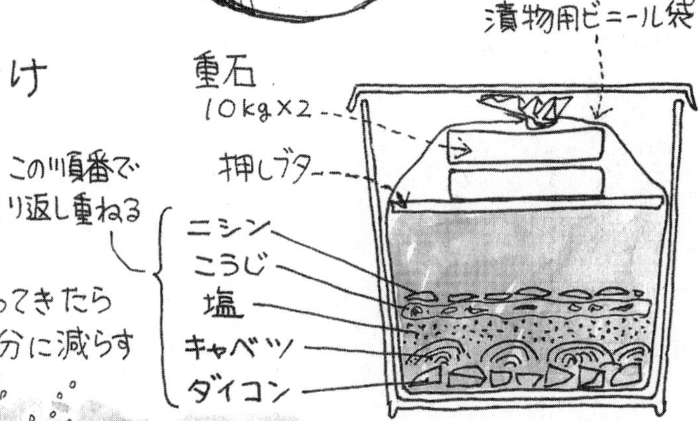
漬物用ビニール袋
重石
10kg×2
押しブタ
この順番でくり返し重ねる
ニシン
こうじ
塩
キャベツ
ダイコン

水があがってきたら重石を半分に減らす

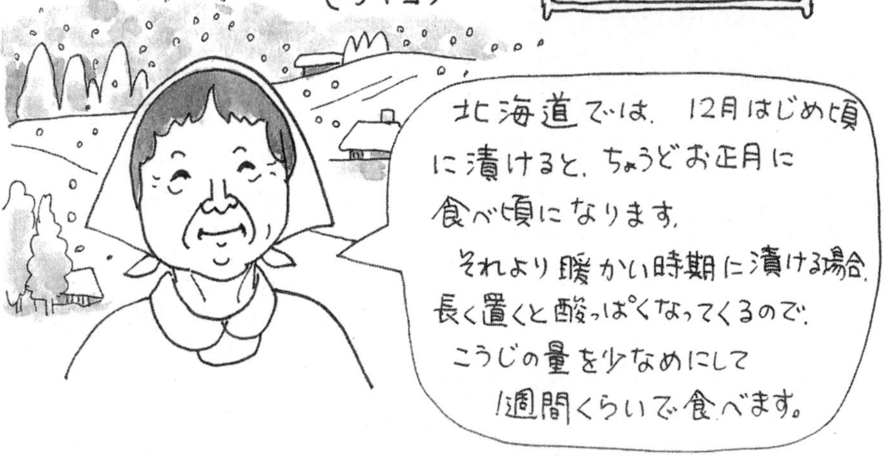
北海道では、12月はじめ頃に漬けると、ちょうどお正月に食べ頃になります。
それより暖かい時期に漬ける場合、長く置くと酸っぱくなってくるので、こうじの量を少なめにして1週間くらいで食べます。

鱒《マス》のはさみ漬け

鱒のはさみ漬けは、北国の寒い気候にぴったりの逸品です。 見た目もキレイで、お正月用に、また贈答用にと、私の定番です。
漬け物コンテストに出品したのがキッカケとなり、漬け物講習会でも教えています。

〈材料（1斗樽分）〉

甘塩鱒（北洋鱒。鮭でもよい）	2尾
ダイコン	24kg
ニンジン	3本
ショウガ	300g
トウガラシ	3本
根昆布	適量
酢	3カップ
酒	1カップ
こうじ	8カップ
塩	1カップ
ザラメ	1カップ

① ダイコンは薄く皮をむいて2.5cm厚さの輪切りにし、塩水に3日間浸してしんなりさせる。

皮むき器でなるべく薄くむく
ダイコンが塩水に完全に浸るくらいの重石を載せる。
塩水は、少し塩気があるくらいでいい

② 鱒は塩を流してウロコをとり、三枚におろしてそぎ切りにし、酢と酒に1日浸す。

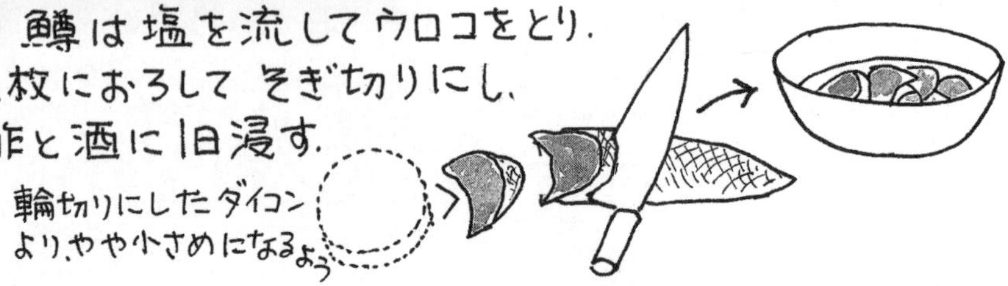
輪切りにしたダイコンより、やや小さめになるよう

青森県青森市 ● 工藤ヌイ

③ ①のダイコンに切れ目を入れる。

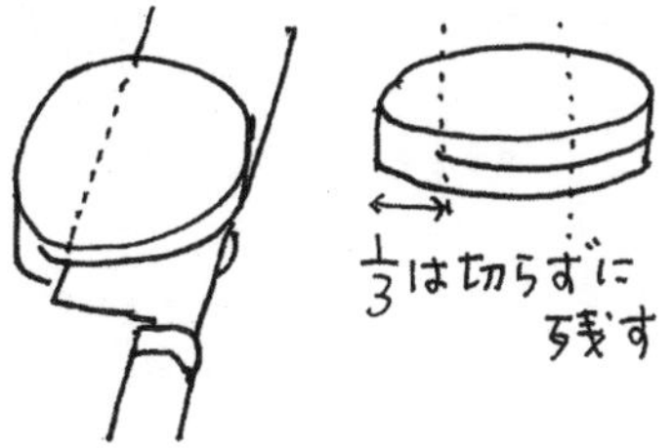
1/3は切らずに残す

④ ダイコンの切れ目に鱒と千切りしたニンジン、ショウガをはさむ。

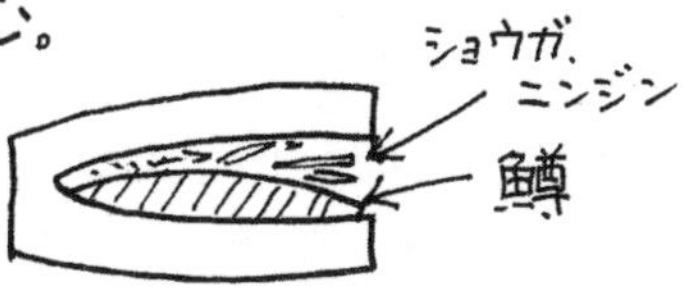
ショウガ、ニンジン
鱒

⑤ こうじ・塩・ザラメを混ぜ合わせる。

⑥ 樽に⑤を振って④を並べ、さらに⑤とから炒りした根昆布、適当に切ったトウガラシを散らす。これをくりかえす。

最初の1週間くらいはやや重い重石をのせ、水があがってきたら軽い重石にかえる。

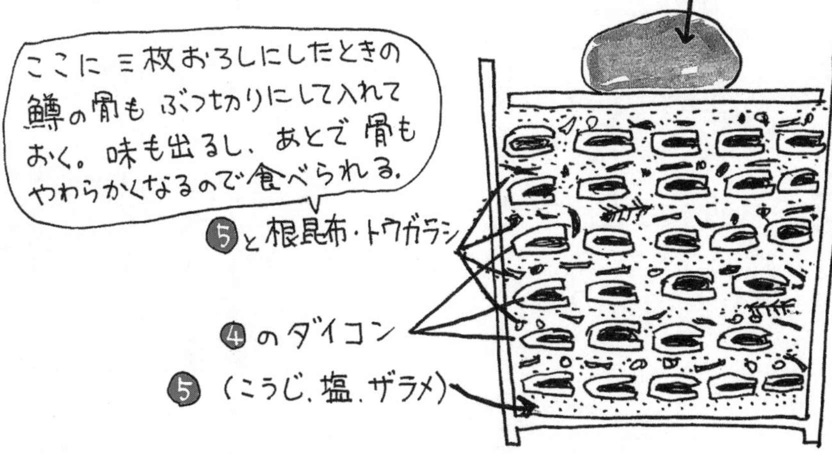
ここに三枚おろしにしたときの鱒の骨もぶつ切りにして入れておく。味も出るし、あとで骨もやわらかくなるので食べられる。
⑤と根昆布・トウガラシ
④のダイコン
⑤（こうじ、塩、ザラメ）

10日から2週間でできあがり、甘酸っぱくて上品な味わいです。

え：近藤泉

カブラ寿司

10月頃から収穫が始まる"カブラ"つまりカブに、日本海で獲れた身のしまった寒ブリの切り身をはさみ、米こうじで漬けたのが「カブラ寿司」です。私たちの農業法人「ぶった農産」のある石川県では、ずっと昔から家庭の味として食べられております。前田家のお殿様も召しあがられたとか…。 ぶった農産でも、もともと自家用に漬けていましたが、おいしいと評判になり、昭和55年頃から商品化しています。サクサクした歯ざわりのカブに、冬のおいしいブリ、そしてこうじの甘さがミックスされ、格別の味。少し変わった食感の、とても美味しいお漬け物ですよ。

〈材料〉
寒ブリ……4kg
塩……適量
(塩はいずれも天然のものを使うとおいしい)

本漬けの

1 20日前：ブリの下処理

① 刺身で食べられる新鮮なブリを、3枚におろし、片身ずつ、まっ白になるほどの塩をまぶす。

② ブリと同じ重さの重石をして冷蔵庫へ。ハムほどに硬くなればOK。

ブリがなければ ハマチ、サバ、サケなどでもよい

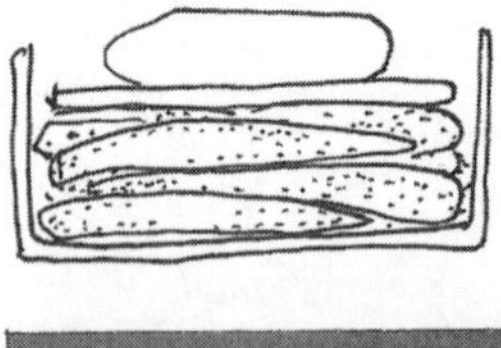

2 5日前：カブの下漬け

〈材料〉
青カブ……10kg
(直径8~11cmくらいのもの。なければ小さいものや白カブでもいい)
塩……300g

① カブの上下を切って横2つに切り、それぞれに切り込みを入れる。

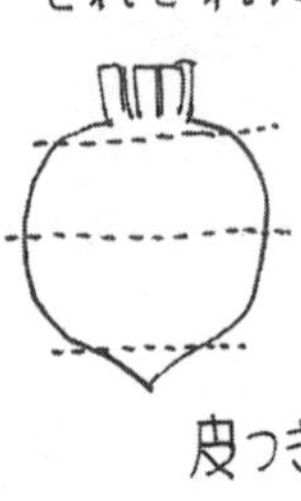

皮つきのまま

② カブに塩をすり込みながら容器に重ね入れ7~9kgの重石をして冷暗所へ

石川県野々市町　佛《ぶっ》田《た》利弘

（紹介者）　杉俣ヤヨイ

3 1日前：こうじを起こす

①ほぐしたこうじとアツアツのごはんを混ぜ、沸騰して落ちついたお湯(80~90℃)を加えてよく混ぜる。

〈材料〉
こうじ……4kg
ごはん 炊いた状態で1kg
お湯……500cc

②そのまま冷めないように保温して6~7時間発酵させる。

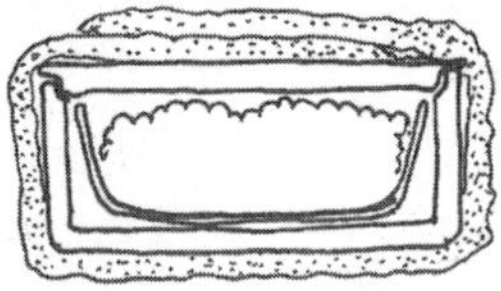

発泡スチロールに入れて毛布でくるむかコタツに入れる。

4 当日：本漬け

①ブリは塩を洗い流してから、カブにはさめるくらいの大きさの4~5mmの薄切りにし、水気を切った2のカブに1枚ずつはさむ。

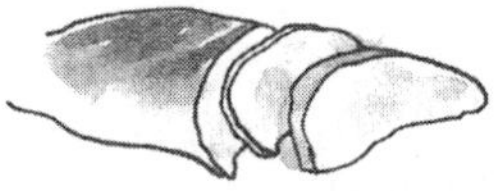

②3のこうじに塩60gを入れよく混ぜてのり状にする。
(好みでだしや砂糖を入れてもよい)

③ニンジンは花形や千切りなど好きな形に切る。

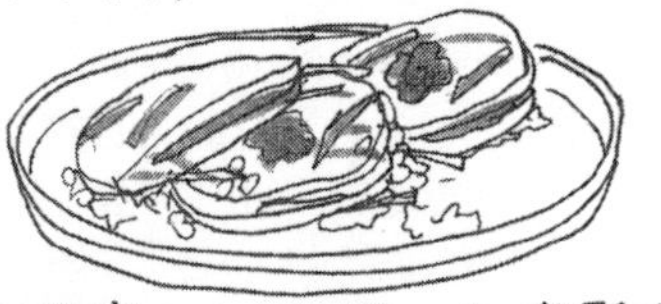

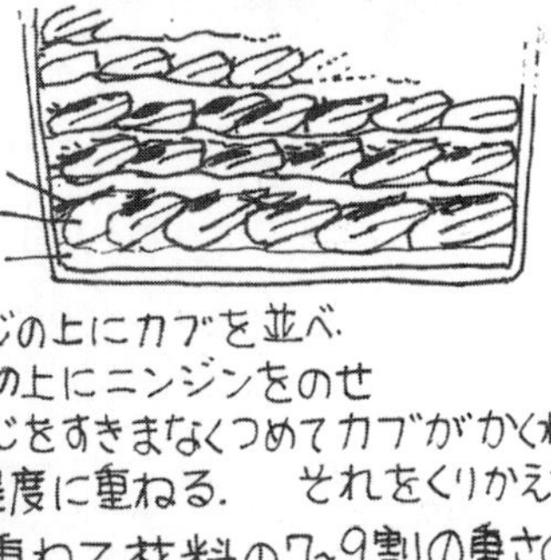

こうじの上にカブを並べ、カブの上にニンジンをのせこうじをすきまなくつめてカブがかくれる程度に重ねる。　それをくりかえす。

④順に重ねて材料の7~9割の重さの重石をする。

冷蔵庫なら1週間、冷暗所(10℃以下)なら4~5日で完成。
食べごろは漬けあがってから1週間以内です。

漬物のコツと技 1

減塩の技

イタドリの葉で
塩漬けの塩が３分の１に

岩手・漆原タツ

以前はフキを塩漬けするとき、フキが見えなくなるほど真っ白に塩を振っていました。それを見た母が「イタドリの葉を入れれば、そんなに塩を振らなくてもいいよ」と教えてくれました。イタドリの葉を使うようになって、塩の量は以前の半分から3分の1ですむようになりました。イタドリの酸が保存をよくしてくれるようです。

フキの色も、漬け始めと同じくらいきれいな色のままです。1年で食べきれなくても2～3年は傷みません。（二戸市）

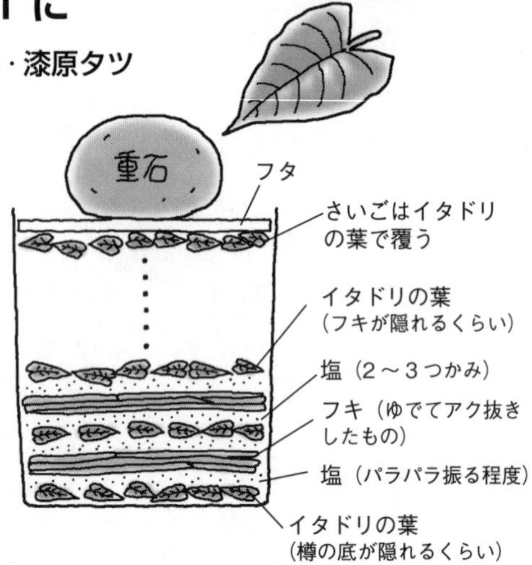
重石
フタ
さいごはイタドリの葉で覆う
イタドリの葉
（フキが隠れるくらい）
塩（2～3つかみ）
フキ（ゆでてアク抜きしたもの）
塩（パラパラ振る程度）
イタドリの葉
（樽の底が隠れるくらい）

塩抜きを早く

カキの葉で
塩抜きスピードアップ

福岡・矢野久江

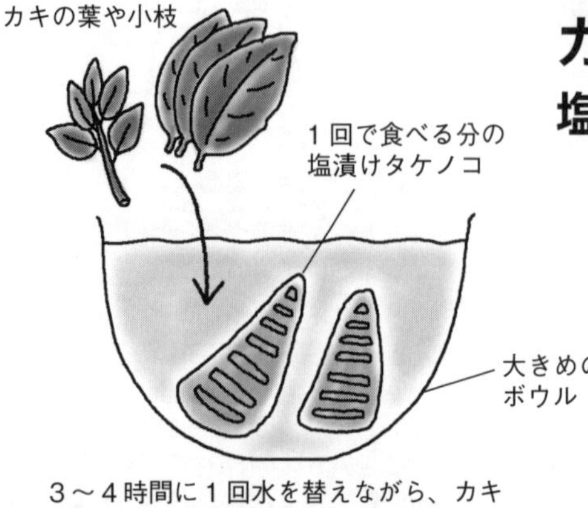
カキの葉や小枝
1回で食べる分の
塩漬けタケノコ
大きめの
ボウル

3～4時間に1回水を替えながら、カキの葉ごと一昼夜水に浸ける。他の材料の塩抜きも同じやり方でできる

塩漬けタケノコの塩抜きをするときにはいつもカキの葉を使っています。流水にさらすよりも短時間で、しかも芯まで確実に塩が抜けます。どこにでもある材料でできるところが気に入っています。（糸島市）

秘伝公開！
「漬け床」にワザあり

漬け床があれば、ハンパ野菜などなんでも入れて手軽に漬物ができる。味噌漬け・粕漬け・ヌカ漬けは定番だが、まだまだ各地に個性あふれる漬け床がある。

おいしい、色鮮やか、健康効果…といったメリットのほかに、とれすぎたもの・捨てられてしまうものの有効利用という面もある。ムダのない農家の漬け床ワールドを拝見。

ヨーグルト漬け床、果物漬け床

千葉県習志野市・
相原美恵子さん

相原美恵子さん（77歳）。手前の漬物は左からヨーグルト漬け、リンゴ漬け、ブドウ漬け（写真はすべて小倉かよ撮影）

かつては歳暮も中元もすべてお手製の漬物を贈っていた相原美恵子さん。あっと驚く漬け床を考え続けてきた。

ヨーグルト漬け

息子が大のヌカ漬け嫌い、「くさいくさい」と言って床にすら近寄らない。代わりになるものとして、この漬け床を思いついた。

ヨーグルトは量販店の特売日に安く購入。砂糖ではなく塩を入れ、野菜を漬けると、一晩で「ヌカ漬けよりもサッパリとした」漬物ができあがる。色鮮やかで、なによりパリパリ感が最大の魅力。相原さん、「年寄りの新発見」だと自信を持って人にすすめる。お茶のみ会でも一番の人気。

ヨーグルト漬けはさっぱりした味わい、果物漬けはそれぞれその果物の味が染み込む

リンゴ漬け

リンゴを塩水に漬けると色が変わらないところからヒントを得た。

果実を２つ用意して、ひとつはイチョウ切り、もうひとつはすりおろす。塩も入れて混ぜ合わせれば、床の完成。

できた漬物はリンゴのほのかな香りがして、友だちからもほめられた。酸味もまたちょうどいい。イチョウ切りにしたリンゴも一緒に食べる。

カキ漬け

家にカキの樹があり、食べきれない実はそのままジュクジュクになってしまう。カラスに突っつかれてしまう。それではもったいないので漬け床に。

カキの甘みが染み込み、マイルドな味になる。ダイコンやカブなどはきれいなピンク色に染まる。

ブドウ漬け

仏壇に供えて熟しすぎた粒、洗うとき房から落ちた粒を使う。品種は大粒でも小粒でもどちらでもいい。

皮ごとすりつぶし、塩と混ぜて野菜を漬け込めば、ダイコンなどほんのり紫色になりきれい。

ヨーグルト漬け

ヨーグルトに塩を入れる

●床の作り方

450g のヨーグルトをタッパーにあけ、塩を大さじ１～２杯。コンブやトウガラシも入れると、風味がよくなる。

※野菜は一晩漬けて食べてもいいし、１週間漬けて食べてもいい

※床は繰り返し使え、１カ月は持つ

※ダイコンやカブやニンジンは、皮をむいて４つ割りか２つ割りにし、２日ほど塩水に漬けてから本漬け。キュウリは下漬けせずに、そのまま本漬けしてもいい（以下のレシピも同じ）

果物漬け

漬けた野菜は一晩で食べられるが、好みの味になるまで漬け続けてもいい。床は果物が傷むまで繰り返し使える。

リンゴ漬け

●床の作り方

タッパーに皮ごとイチョウ切りにしたリンゴ（1 個）を入れ、すりおろしたリンゴ（1 個）も加え、塩を大さじ 1 ～ 2 杯。

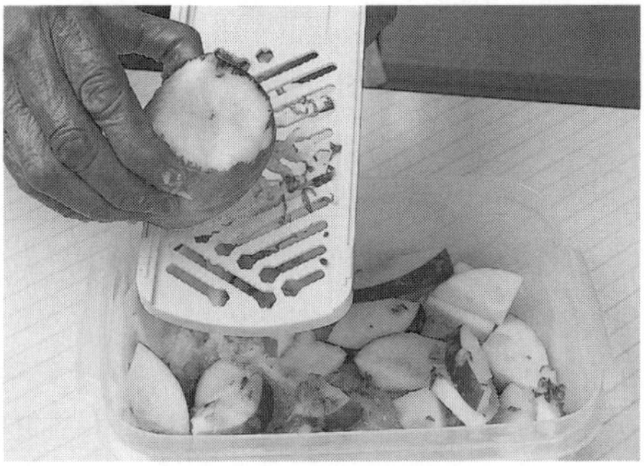

リンゴをすりおろす

カキ漬け

●床の作り方

熟し柿 4 ～ 5 個を皮ごと潰し、塩を大さじ 1 ～ 2 杯。

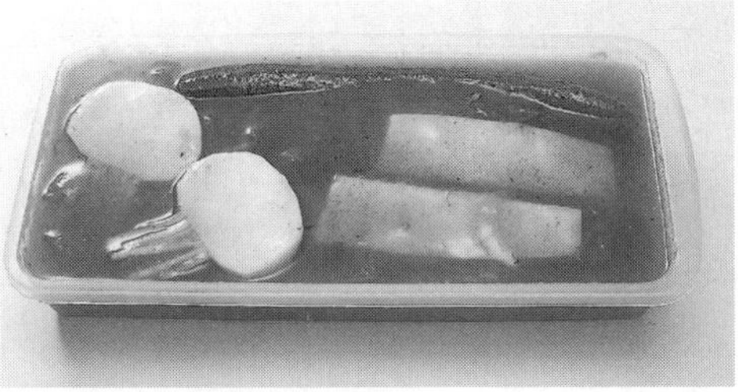

カキで作った床に野菜を漬け込む

ブドウ漬け

●床の作り方

ブドウの粒をすり鉢ですりつぶし、タッパーに入れ、塩を大さじ 1 ～ 2 杯（ブドウの量はタッパーが半分埋まるぐらい）。

完成したブドウ漬け

黄色くきれいに漬かる カボチャ床

カボチャ床　カボチャ3個分

カボチャはタネをとり、細かく切って、皮ごと蒸す。それを潰して、熱いうちにキザラ（1kg）を入れ、トウガラシ（「鷹の爪」10本）、塩（カップ1/2）も加えて混ぜる

丸ダイコン　10kg

1週間干して、皮をむき、4分の1に切り、3％（300g）の塩で10日間漬ける。それをザルにあけて水気をきっておく

漬物樽の内側にはポリ袋。ダイコンとカボチャ床を交互に入れていき、最後に重石。樽は気温が5度くらいの場所に置いておく。1カ月したら食べられる

丸ダイコン（聖護院ダイコン）のカボチャ漬け

北海道に住んでいる私たちは、11月に入ってから、このカボチャ床を使って丸ダイコン（聖護院ダイコン）を漬け込みます。

人工の着色料を使わなくても、うっすらと黄色く染まってきれいです。カボチャの味もします。

昔からすると塩分控えめの漬物なので、おいしく食べる期間が短いです。それでも、冬に皆さんとお茶請けに食べるのが楽しいです。

北海道・野々瀬雅子

紫色にきれいに漬かる
ブドウ床

ダイコンのブドウ漬け

①ダイコン（10kg）は皮をむき、縦に４分割し、3%の塩で１週間漬け込む
②ブドウ（4kg）を潰して、火にかけて、鍋の縁がグツグツしてきたら火を止める
③②に砂糖（カップ１～２）、酢（カップ１）を入れる
④①のダイコンをザルにあけて水をきり、漬物樽に並べ、③のブドウ床をかける。ダイコンとブドウ床を交互に入れて漬け込み、最後は重石

１週間くらいで食べるなら、ダイコンの縁だけ紫で中が白、きれいですよ。２週間くらい待つと全体が紫色で、味もしっかり染み込んでいます。ブドウの品種によって、色も味も変わります。たとえば、「藤稔」だと本当にきれいに色がつきます。

また、この漬物は、ブドウジュースを作るときに残る皮と果肉を使ってもいいですよ。皮を冷凍しておいて、寒くなってから漬けるのもいいですね。

酢と焼酎で酸っぱくならない
味噌床

赤カブの味噌漬け

①味噌（1kg）、ザラメ（500g）、焼酎（100cc）、酢（125cc）を混ぜて、なめらかにする
②赤カブ（5kg）は洗って、葉の付け根とシッポのみを切る
③赤カブに①を塗りながら、漬物樽に漬け込み、最後は重石

この漬物は、干さない、切らない、下漬けしないで手間いらず。私にピッタリです。酢と焼酎のおかげで、雑菌も繁殖しません。

赤カブの代わりにダイコン、丸ダイコンでもおいしく漬かります。

梅の床

和歌山
寺垣みち子

梅干しを潰し、砂糖を入れたのが「梅の床」（甘い漬物が好きなら、梅の約２分の１の砂糖）。野菜を切って漬ける場合は５～20分、切らずに漬ける場合は２時間でできあがる。床は冷蔵庫に入れておけば約３カ月使える

梅農家が作る「梅の床」

「梅農家なので、天日干しする前の潰れたウメ（塩漬けしたウメ）をなにか食材に利用できないだろうか？」と、先代（父）が漬物を真似て作ってくれて、私たちに食べさせてくれたのがきっかけです。子どもの頃の思い出のおかずです。今は、できあがった梅干しを使って「梅の床」（カンタン浅漬けの素）として販売しています。

わが家では、キュウリ、ダイコン、ナス、ヤマイモ、ニンジン、ミョウガ、ピーマン……、冷蔵庫にある野菜をなんでもかんでも漬けて食べています。野菜から出る水分が「梅の床」の上にあがってくるので、キッチンペーパーなどで吸い取ります。漬ける時間を短くしたいときは野菜をカットして入れますが、野菜そのまんまを入れるほうが、よりおいしいですよ。

夏バテ知らず

夏場の暑い日は農作業のあと、食事も食べられませんでしたが、この「梅の床」で漬けた野菜だけはどんなに暑い日が続いても、食べることができました。そして、夏バテしにくくなりました。梅干し１粒はなかなか食べないけど、「梅の床」の漬物は毎日ボリボリ食べています。

近頃は、お子さんのいる家庭でたいへん重宝されています。「夏でも、お弁当に入れるおかずが腐らず、においもいいから、子どもも喜んでくれる」とうれしい声も届いています。また、「主人のビールのアテにもカンタンに作れて、健康的」と喜ん

でくれる人もいます。若い娘さんがいる家では、「ヘルシーダイエットとしてサラダ感覚で食べている」という声もいただいています。

（和歌山県みなべ町「てらがき農園」
HP: http://www.mukasiume.com/）

ジャガイモ床

広島
菅原敏子

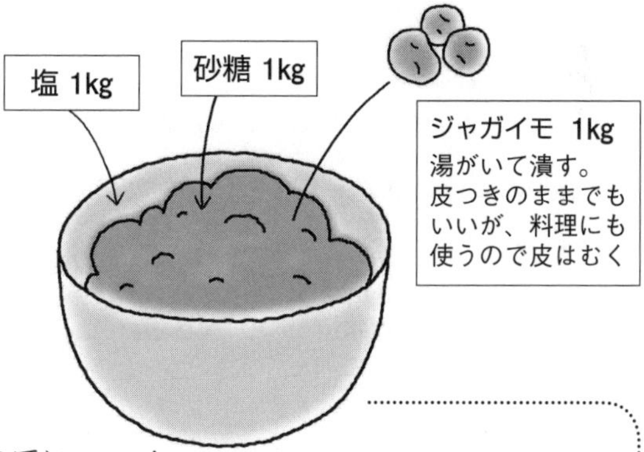
塩 1kg
砂糖 1kg
ジャガイモ 1kg
湯がいて潰す。
皮つきのままでも
いいが、料理にも
使うので皮はむく

イモ床は、テレビで放映されているのをチラッと見て、真似してみました。小さなクズイモがどうしてもできるので、それを始末したかったからです。

野菜を洗って、キッチン袋に入れて、イモ床（ジャガイモ＋塩＋砂糖）をまぶし、揉みこんで冷蔵庫へ。不思議とすぐに漬かり、それでいて長持ち、塩だけで揉むよりも野菜がしっかりしたままです。私は大抵、浅漬けで食します。

キュウリは緑が鮮やかですし、ナスは黒の光沢がきれいです。お茶請けに、お酒のつまみに。みなさんおいしいと言ってくれます。

ちなみに、ジャガイモと塩と砂糖を混ぜたものは、漬け床に限らず料理にも使用します。野菜炒めや煮しめや炊き込みご飯やスープにも。どういうわけか短時間で味が染み込みやすくなります。　（広島県北広島町）

できた床は梅酒ビンなどに入れておけば、常温でも１年は悪くならない。ただ、近年は夏暑い日が続くので、念のため袋に小分けして冷蔵庫で保存。

使うときは、キュウリ３本に対して、ジャガイモ床スプーン１杯くらい（いつもは一気に大量に作る。漬けるというより、床をまぶすイメージ）。袋の中で揉み、冷蔵庫へ。キュウリは基本的に切らずに下漬けもしないが、長持ちさせたいときは「板ずり」（塩をまぶして、まな板の上でコロコロ転がす）して一晩置き、１日干してから漬ける。これで２週間はおいしいまま。

その他、ナス、ダイコン、ハクサイ、コマツナなど、なんでも漬ける。

キュウリの粕漬け

仕込み終わったら、袋の空気を抜きながら、口をしっかり結ぶ。冷蔵庫に入れるか、涼しい場所に置く。食べるときは軽く水洗い

ドブロクの搾り粕床
搾り粕（2kg）
醤油（1合）
ザラメ（1.5kg）
塩漬けキュウリ
①漬物樽で、キュウリ（5kg）を3日間、塩（750g）漬け
※最初の一昼夜、漬物樽に銅線を入れておくと、キュウリの緑色がきれいになる
※重石は10kgくらい
②塩漬けしたキュウリを新聞紙の上に広げて、一晩、水をきる

ドブロクの搾り粕床

秋田一子

ここ4、5年、ドブロク作りにのめり込んでいる秋田さんは、その「搾り粕」までムダなく使いきる。味噌汁に入れれば粕汁気分が味わえるし、ただ砂糖と混ぜるだけでも「本当においしい」。あまり食べすぎると酔ってしまうので、気持ちを抑えてほどほどにしているそうだ。

そんな秋田さん、奈良漬けや粕漬けから発想して、「ドブロクの搾り粕漬け」もよく作る。キュウリやダイコンを、搾り粕と砂糖と醤油を混ぜた床に漬け込むのだ。

1カ月ほどしてから食べ始めるが、この漬物、2年でも持つ。これを秋田さんは「貯え漬け」と呼び、随時、ご飯と一緒に食べている。特に野菜のとれない時期にはありがたい。ほんのりとした酒のにおいがまた食欲をそそる。

特製ヌカ床

栃木
渡辺静子

嫁いで間もない頃は実家の母の漬物を食べていました。そのうち、私も自前のタクアンに挑戦したくなり、母の漬け方を改良してみました。

よく干したダイコンなので、少し固め。でも、噛めば噛むほどいろいろな味が出てきて、「おいしい」と友達の評判はいいです。　（栃木県矢板市）

特製ヌカ床でタクアン

ダイコンを並べるたびに、みりんをかけると、ダイコンにテリが出て、味もよくなる（量は合計で500cc）。仕込みの最後に五倍酢（500ccくらい）を入れると、ダイコンを外に出しても色が変わらない。11月末に漬け込んで、正月から食べ始める

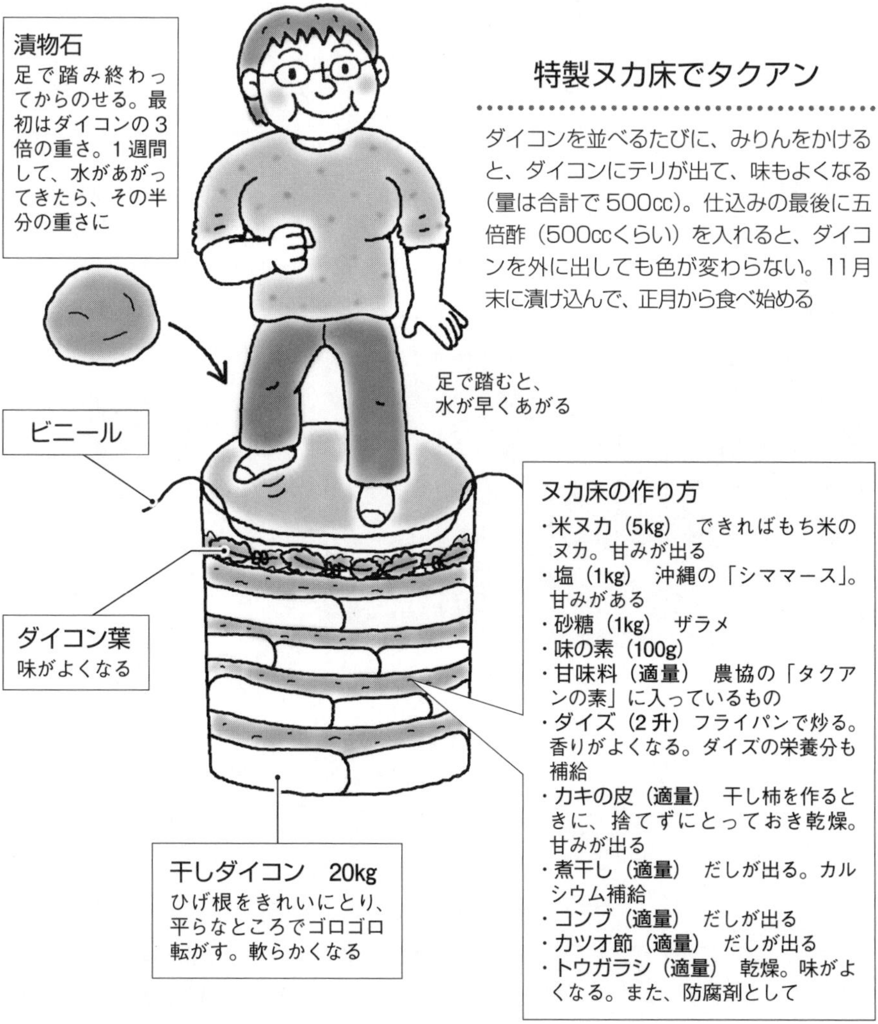
漬物石
足で踏み終わってからのせる。最初はダイコンの3倍の重さ。1週間して、水があがってきたら、その半分の重さに
足で踏むと、水が早くあがる
ビニール
ダイコン葉
味がよくなる
干しダイコン　20kg
ひげ根をきれいにとり、平らなところでゴロゴロ転がす。軟らかくなる
ヌカ床の作り方
・米ヌカ（5kg）　できればもち米のヌカ。甘みが出る
・塩（1kg）　沖縄の「シママース」。甘みがある
・砂糖（1kg）　ザラメ
・味の素（100g）
・甘味料（適量）　農協の「タクアンの素」に入っているもの
・ダイズ（2升）フライパンで炒る。香りがよくなる。ダイズの栄養分も補給
・カキの皮（適量）　干し柿を作るときに、捨てずにとっておき乾燥。甘みが出る
・煮干し（適量）　だしが出る。カルシウム補給
・コンブ（適量）　だしが出る
・カツオ節（適量）　だしが出る
・トウガラシ（適量）　乾燥。味がよくなる。また、防腐剤として

ハクサイの いいかげん 柿漬け

わが家には、家を新築したときに記念樹として植えた庄内柿の木が1本あります。焼酎で渋を抜いたり、干し柿にして食べていますが、熟れすぎると誰も食べてくれないため、田んぼに捨ててカラスのエサになっていました。もったいないなあと思っていたので、あるときハクサイ漬けに使ってみました。するとハクサイのうまみもカキのうまみも引き出したおいしい漬け物ができたのです。家族はこの漬け物が大好き。私も「ん、これはいける」と自負しています。

〈材 料〉

ハクサイ（中くらい）……5株
塩　通常ハクサイを漬けるときの分量（少々多目でも可）
渋抜きしたカキ……15個
赤トウガラシ……10本

❶ ハクサイを下漬けする。

(1) 四つ切りにする。

(2) 葉と葉の間に適当に塩をすり込む

(3)
(2)のハクサイを漬け物樽に平らに並べて重ね、10kgくらいの重石を載せ、5日くらい漬ける。

岩手県奥州市 ● 佐藤弘子

② 漬け床をつくる。

カキと赤トウガラシを適当に切り、混ぜておく。

(カキの皮はむいてもむかなくてもよい)

③ 本漬けする。

下漬けしたハクサイを ボウルかザルに取り上げ、樽の塩水を捨てる。

10kgくらい

漬かりの浅い大きめのハクサイから樽に並べ、一段ごとに②の漬け床をまんべんなく振り入れる。

10kgくらいの重石を載せ、冷暗所で一週間くらい漬けると食べ頃になる。

渋抜きしたカキの代わりに同量の干し柿を使ってもいいです。
干し柿
え・近藤泉

ダイコンの熟し柿漬け

どんどん熟しすぎてしまう柿を、樽の中に放り込んでおき、漬け床にします。柿の甘さがダイコンに染み込んで、とってもおいしい漬け物ができます。正月の漬け物として家族や親類に喜ばれています。食感はシャキシャキ。タクアンほど固くないので、歯の悪い人でも食べられます。

漬け床つくり

材料をよく混ぜる。

〈漬け床材料〉

熟し柿	3～6 kg
砂糖	500 g
焼酎	1カップ(200cc)
月桂樹の葉	10枚
タカノツメ	少々

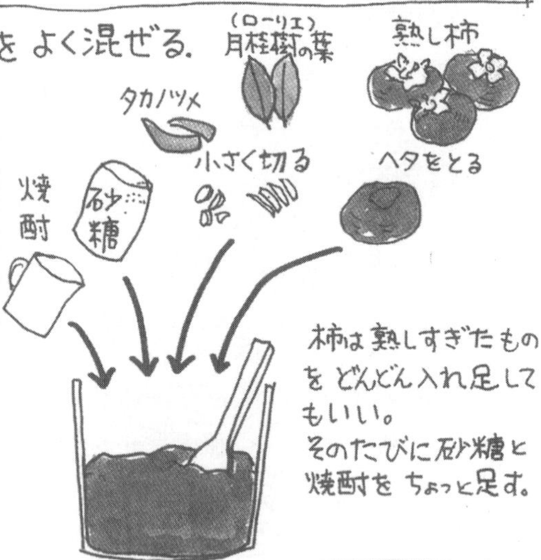
月桂樹の葉《ローリエ》
熟し柿
タカノツメ
小さく切る
ヘタをとる
焼酎
砂糖
柿は熟しすぎたものをどんどん入れ足してもいい。
そのたびに砂糖と焼酎をちょっと足す。

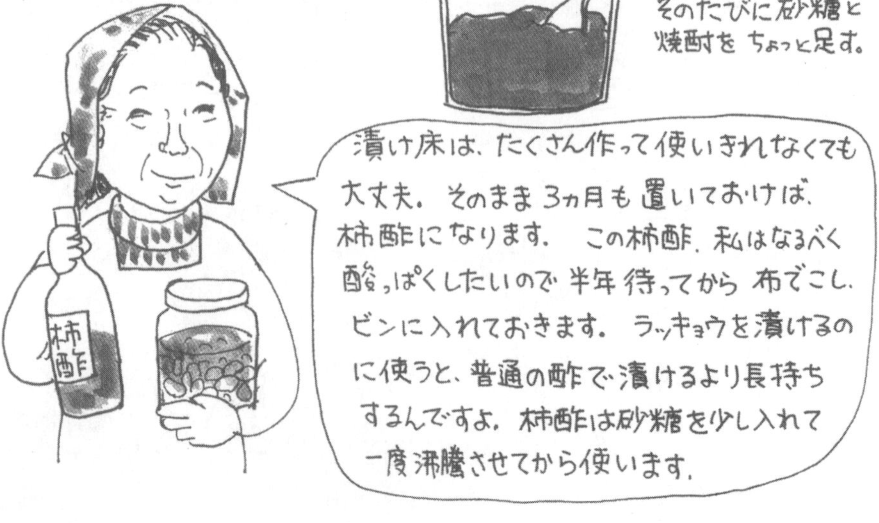
柿酢
漬け床は、たくさん作って使いきれなくても大丈夫。そのまま3ヵ月も置いておけば、柿酢になります。この柿酢、私はなるべく酸っぱくしたいので半年待ってから布でこし、ビンに入れておきます。ラッキョウを漬けるのに使うと、普通の酢で漬けるより長持ちするんですよ。柿酢は砂糖を少し入れて一度沸騰させてから使います。

千葉県岬町 露崎春枝

下漬け

〈下漬け材料〉

ダイコン	10kg
塩	500g

ダイコンは皮をむき、縦半分に切る
大きいものは横にも切って4等分に。

1切れごとに塩をこすりつけ、樽に入れる。

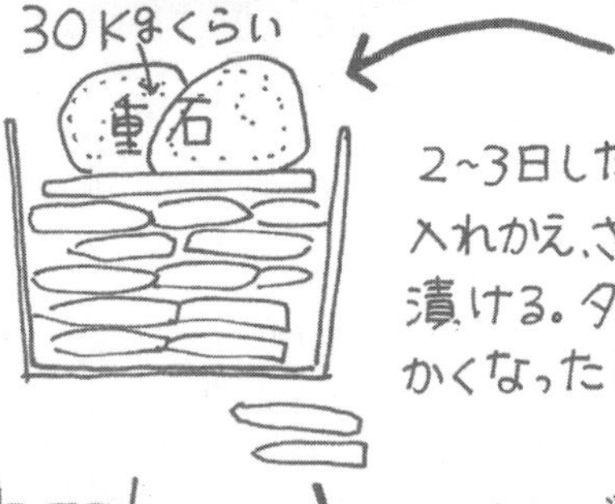
30kgくらい
重石

2~3日したら、1回上下を入れかえ、さらに2~3日漬ける。ダイコンがやわらかくなったら下漬けは十分。

本漬け

〈本漬け材料〉

下漬けしたダイコン
漬け床
米ヌカ
塩 } 少々

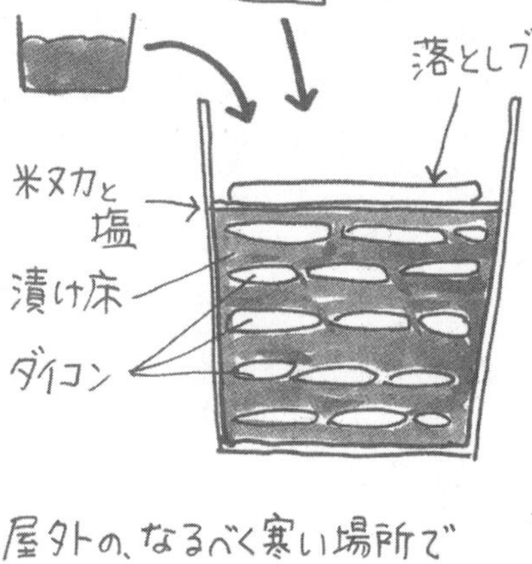
落としブタ
米ヌカと塩
漬け床
ダイコン

下漬けしたダイコン、つくっておいた漬け床を交互に重ねて本漬け。最後に表面を1~2cm覆うくらいの厚さで米ヌカ、塩を少しふり、落としブタをする。10日くらいで完成。1ヵ月くらいはおいしく食べられる。

屋外の、なるべく寒い場所で漬けた方が長持ちし、味もよい。

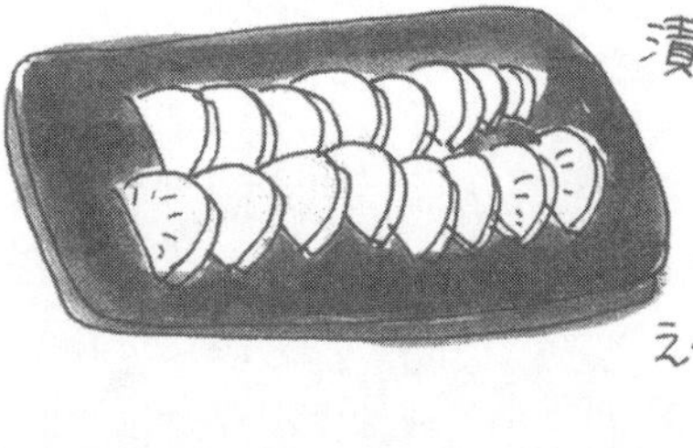

漬け床は赤いが漬けあがったダイコンは白いままです。

え・近藤泉

ペッタンコ

（オカラ漬け）

キュウリの押し漬け

昔から御殿場に伝わっているキュウリの押し漬けは、キュウリがペッタンコになるまでじっくり漬け込んだものです。家族にも大好評なのですが、漬けている途中で傷みやすいのが難点でした。このため、以前は週に1回、キュウリのぬめりを洗い流して漬け替えなくてはならず、たいへん手間がかかっていました。
ところが5年前、オカラを使えばぬめりが出ず、漬け替えなくてもうまくいくということを聞きました。それ以来、このやり方でたいへん助かっています。

〈材料〉
（直径50cmくらいの桶で漬ける場合）

オカラ　10kg
塩　3.5～5kg
刻みトウガラシ　適量

塩が多い方が水分が抜けてコキコキした歯触りになります。

❶ キュウリを洗って桶の底に並べ、その上から表面が半分隠れるくらいにオカラと塩をふって重石をする。

トウガラシは好みで

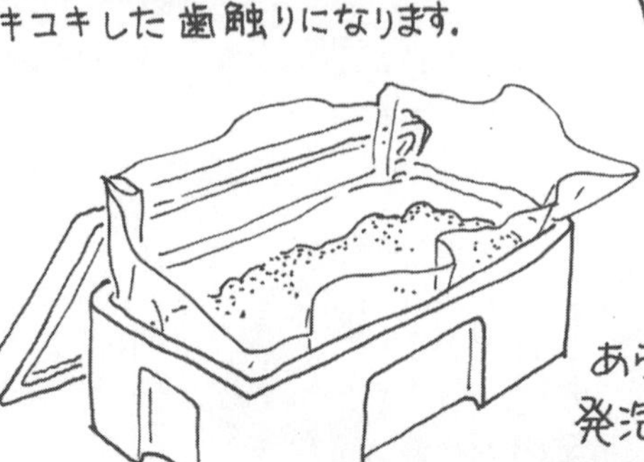

あらかじめ塩とオカラを混ぜて発泡スチロールの箱に入れ、桶のそばに置いておくと便利。

静岡県御殿場市 ● 梶 美恵子

②毎日キュウリを採ってきては洗って
①と同じことをくり返す。

重石は
はじめ10kgくらい。だんだん重くしていって最後は30kgくらいにする。

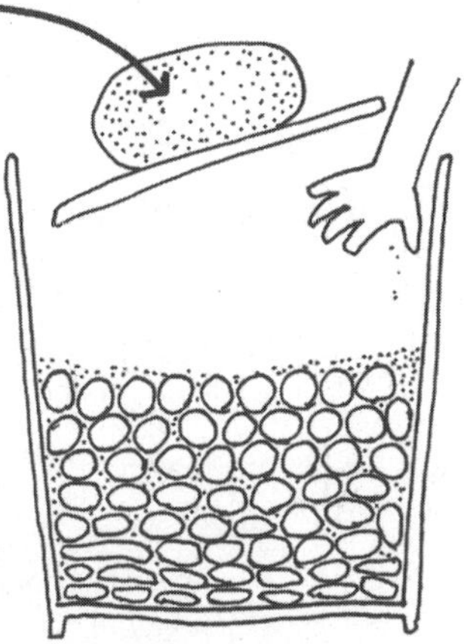

傷まないようにするポイント!

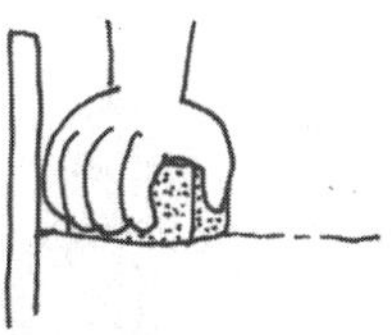

毎日上に出てくる水を、スポンジで吸い取って捨てる

私はキュウリが採れなくなるまで毎日20～30本ずつ足していきます。

え・近藤 泉

③3週間くらいでキュウリがペッタンコになれば完成です。
(浅漬けとしてなら翌日から食べられます。)

下の方のペッタンコになったものから取り出して食べてもいいし、秋口に桶を替えて天地返しすれば、まんべんなく漬かり、春先まで変わることなく食べられます。

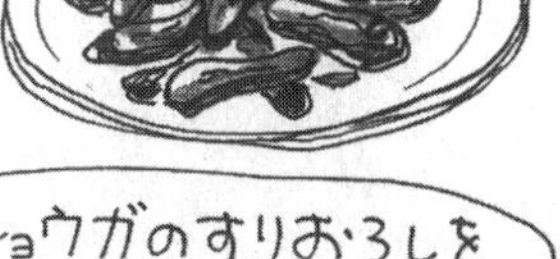

仕上げにショウガのすりおろしを加えるといっそうおいしいですよ!

アケビで漬けるナス漬け

山形県置賜地方の秋はとても過ごしやすく、果物や野菜が豊富です。アケビが収穫できるようになるとつくるのが、アケビナス漬けです。アケビの皮は天ぷらや、詰めものをして揚げものに。自然の甘みがあるタネまわりの白いところは、貴重な砂糖の替わりに漬け物に使うものとして引き継がれてきたのです。特産の薄皮丸ナスを漬けると相性もよく、紫色でやわらかく、ほのかな甘みのある、私の大好きな昔懐しい漬け物になります。近所付き合いのお茶うけであり、先祖供養の一品でもあります。

① 漬け床をつくる。

〈材 料〉

アケビ……………約1kg
(皮を除いたタネとまわりの白い部分)
塩……………60〜80g
ミョウバン……………大さじ1
薄皮丸ナス……………約1.5kg
(ふつうのナスでもいい)

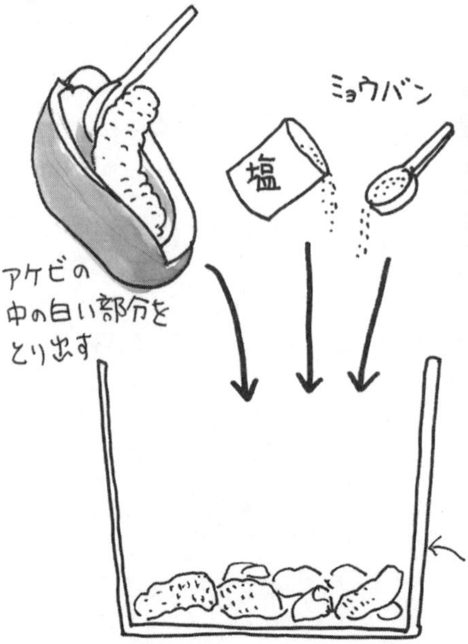
ミョウバン
塩
アケビの中の白い部分をとり出す
ポリバケツかカメ

アケビの白い部分、塩、ミョウバンをよく混ぜたら表面をラップで覆い、一晩おいてなじませる。

山形県高畠町 ● 鈴木まつ子

② ナスのヘタをとる。

一口で食べやすいように、ヘタを完全に取り除く。

③ 漬け床にナスを漬ける。

ナスをつけ床とよく混ぜあわせる。表面にナスが出ないよう、しっかり埋め込んでから落としブタをする。

一晩から一昼夜おけばできあがり。

漬け床は塩を足せば2～3回使える。
キュウリなどを漬けてもおいしい。

取り出したナスを軽く洗ってから食べる。

漬け床が傷まないウラ技

卵の殻

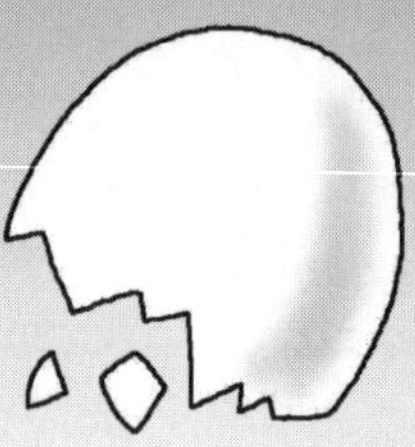

漬け床は、時間が経つと、乳酸発酵が進みすぎ、酸っぱくなっていく（酸性になる）。卵の殻を入れると、乳酸菌が適度に働き、おいしい漬物に（カルシウムで中和される）。雑菌を入れないように、よく洗った殻か、ゆで卵の殻を使う。薄皮は取り除く。

（『現代農業』2007 年 12 月号より）

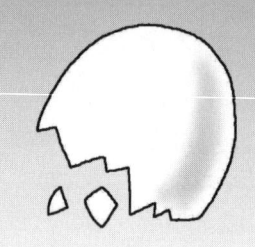

パン粉

野菜の汁で漬け床がベチョベチョに。パン粉を入れると、硬く引き締まる。また、パン粉のデンプンが微生物のエサになり、発酵が促進される。　（『現代農業』2007 年 12 月号より）

スポンジ

果物などの包装用の大きめのスポンジをヌカ床に入れておく（台所用のスポンジなら 2 個入れる）。野菜から出る水を吸ってくれるので、床が悪くならない。スポンジは絞りながら、何度も使う。その都度、水を捨てていた頃に比べると、管理がかなりラクになった。

また、夏場は保冷剤も床の上に置く。腐り防止になる。

（神奈川県川崎市・森ユキエさん）

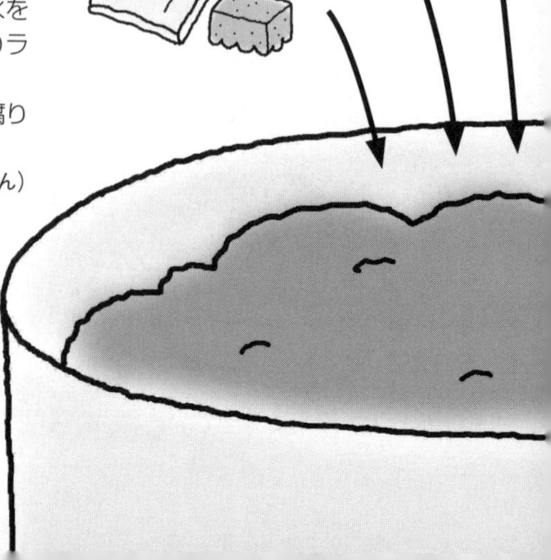

漬け床が酸っぱくならない、水っぽくならない、腐らない……、
そんな「一品」を各地の農家に聞いてみた。

サンショウ

ヌカ床など、時間が経つと、白くカビてしまうこともある。サンショウの葉を床の一番上に敷き詰めれば、それを防げる。また、実を漬け床に混ぜておけば、防腐効果がさらに高まり、風味もよくなる。

（大分県中津市・山下英子さん）

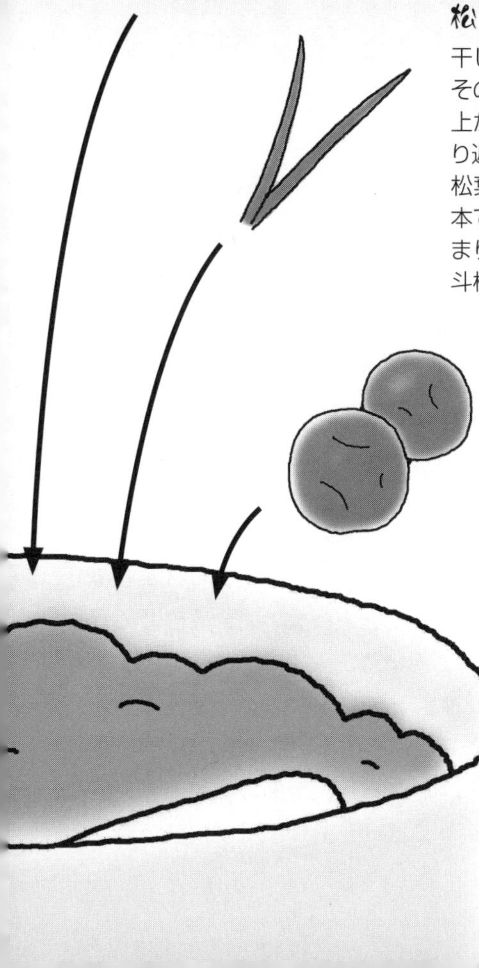

松葉

干しダイコンを並べ、漬け床材料（米ヌカとその他の材料を合わせたもの）を被せ、その上から松葉をパラパラとふりかける。この繰り返し。すると、タクアンが酸っぱくならない。松葉は生のままで、よく洗ってから使う。2本で対になっているので1本ずつにする。あまり多く入れすぎると、苦みが出るので、4斗樽で200～250本。

（宮崎県延岡市・高森勍さん）

梅干し

規格外品を、タネごと漬け床に混ぜ込む。梅の風味も染み込むし、梅干しの塩分のおかげで塩いらず。漬け床は60kg樽で、米ヌカ8kg、砂糖1kg、梅干し1kg。

（石川県珠洲市・宮下毬子さん）

かき混ぜ不要で漬物がうまい！

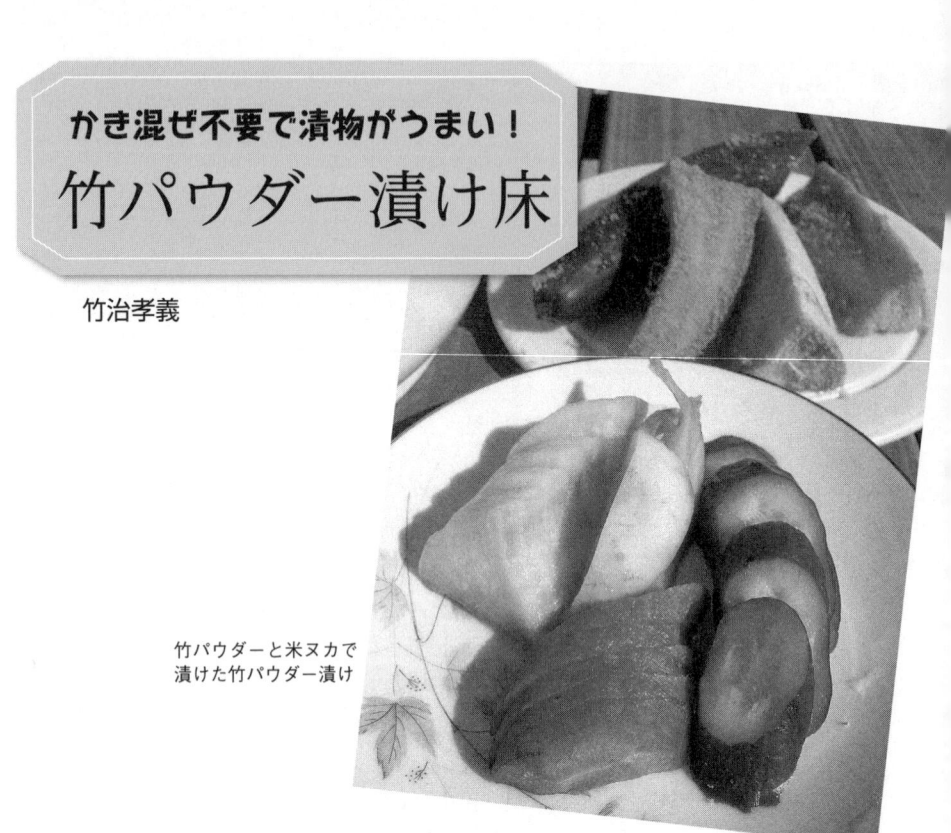

竹パウダー漬け床

竹治孝義

竹パウダーと米ヌカで
漬けた竹パウダー漬け

ちかごろ、農家の間で注目を浴びているのが「竹パウダー」。生の竹を微細な粉末状にしたもので、糖分やミネラルが多く、乳酸菌などの有用菌が増えやすいなどの理由で、畑にまいたり堆肥づくりに使ったりとひっぱりだこだ。生ゴミ堆肥の発酵中の臭いをピタリと抑えるという効果もあって、家庭菜園愛好家の間でも人気急上昇。そんな竹パウダーを、乳酸菌たっぷりの漬物づくりに利用しようという人も現われた。

竹のことならなんでも知りたい私は、これまでも独学で竹パウダー機や、竹炭やき機などを開発してきました。そして去年は、知人がインターネットでみつけて教えてくれた「竹パウダー入りヌカ床」なるものにも挑戦しました。

今までのヌカ床は、毎日かき混ぜて空気を入れないと、乳酸菌の働きが悪くなって漬物がまずくなります。とくに米ヌカに含まれる油分が通気性を悪くしているようです。

ところが、米ヌカに竹パウダーを半分混ぜた漬け床は、油分の少ない

筆者。農家がもっと手軽に竹を利用できるようにと研究の日々（田中康弘撮影）

よく見れば竹の繊維が見えるくらいで、パッと見ヌカ床と区別がつかない。筆者の竹パウダー漬け床は、竹パウダー1kg、米ヌカ1kg、塩250kg、水2ℓの割合

竹パウダーのおかげで適度に通気性が保たれるので、かき混ぜる必要はありません。

もともと竹パウダーには乳酸菌が集まりやすいですから、良質の乳酸菌が活発に働いてくれて、今まで食べたことがないくらいうまい漬物が漬かります。

ちなみに竹パウダーだけの漬け床も試してみました。ヌカ漬け特有の風味は弱いのですが、やはり乳酸菌が活躍してくれて、爽やかな味わいになりました。

知人の竹パウダー入り漬け床は、去年の夏に何度か漬けてそのまま放置しておいたのですが、年が明けて見てみても悪くなった様子がありません。そのまま漬け床として再利用できたそうです。ヌカ床ではこうはいきません。

また乳酸菌には、胃ガンや胃かいようの原因になるとされているピロリ菌を抑える力があるようなことを新聞で読みました。

竹ばかり食べているパンダはおそらく胃ガンも胃かいようもないと思われます。竹パウダー由来の良質な乳酸菌を体に取り込んで、日本中誰もが健康になったらいいと思っています。

（徳島県阿南市）

漬物の
コツと技
2

ウコンで華やか
健康漬物

画　こうま・すう

宮城県南郷町の小田島トシ子さんは、今年４月にオープンした直売所「花野果（はなやか）」にトマトを出しています。トシ子さんはこの直売所で買ったウコンの粉末を使って、文字どおり「華やか」な健康漬け物をつくっています。「市販の色粉がいやだったから、試しにウコンで漬けてみたのよ」とトシ子さん。

教えてくれたのは「ダイコンの酢漬け」。材料はダイコン６kg（丸のまま）、ミツカン酢１本（500mℓ）、砂糖800ｇ、塩１合、粉末ウコン少々（大さじ１杯弱）。これらを普通のダイコン漬けの要領で漬け込みます。

ウコンはショウガ科の多年草で、染料として使うとほんの少しですごくきれいな黄色い色がつくそうです。肝機能強化、健胃作用、制ガン作用など、健康にもよいウコンなので安心して食べられます。　**（編集部）**

素材別
自慢の漬物大集合

すぐ食べられる浅漬けにじっくり仕込んだ古漬け。塩漬け・醤油漬け・酢漬け・味噌漬け・粕漬けと工夫を凝らした味付け。素材の組み合わせにもアイデアが光る。

四季おりおりの旬の素材を漬け込んで、懐かしい味も発見の味もお好み次第。あなたの漬物ライフを楽しくする産地直伝の70余品。

アスパラ ピクルス

たくさんつくっているアスパラを、長く食べられるようにする方法を考えていて思いついたのがピクルスです。酸味が爽やかでお肉に合い、ソーセージと一緒にパンにはさんでホットドッグにするのが一番おいしい食べ方です。細かく刻んでマヨネーズで和え、タルタルソースにして揚げものにかけても好評。「これどこで売ってるの？」と聞かれたりします。

〈材料〉

	アスパラガス	1kg
漬け汁	酢	3カップ
	白ワイン	1カップ
	砂糖	1/2カップ
	塩	大さじ2
	黒粒コショウ	大さじ1
	赤トウガラシ	2～3本
	月桂樹の葉	4～5枚

① 漬け汁をつくる。

漬け汁の材料をすべて合わせてひと煮立ちさせ冷ましておく

え・近藤泉

岩手県北上市 ● 高橋マサ子

② アスパラガスを堅ゆでする。

沸騰したお湯に塩を入れ
アスパラを入れたら、再び沸騰
する直前に引き上げて冷水に
さらす。
ゆですぎるとやわらかく
なって皮もむけて
しまうので注意

③ 漬け汁に漬ける

ビンの容器にアスパラを
穂先が傷まないように
縦に入れ、漬け汁を注ぎ入れる。

かたい根元の部分は
皮をむく
漬け汁
ザルにあげて
水を切った
アスパラ

3日くらいで味が染み込んで
食べられる
アスパラピクルス
入りホットドック
タルタル
ソース

梅のシソ巻き

私は梅の加工品をつくるのは大好きですが、もともと梅が嫌いで、ほとんど食べません。でも、この梅シソ巻きは、酢っぱさが控えめで、私もおいしく食べられました。手間がかかって大変ですが、皆が「お茶うけにいい」と喜んでくれるので、つくりがいがあります。

① 下ごしらえ

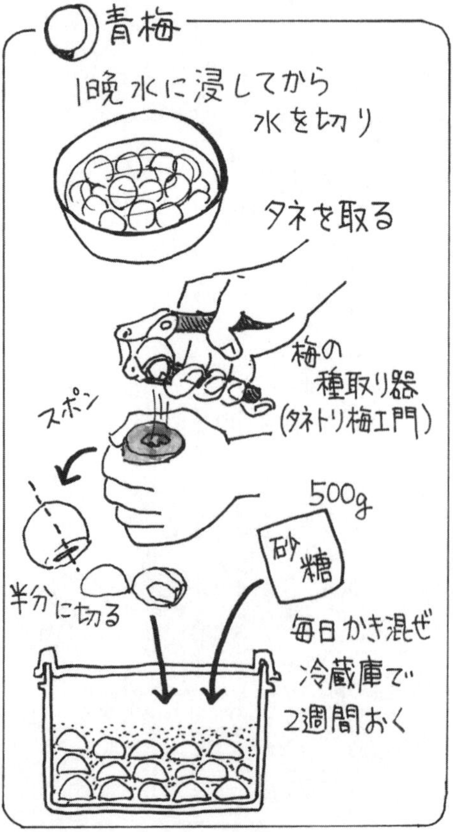
青梅
1晩水に浸してから
水を切り
タネを取る
梅の
種取り器
(タネトリ梅工門)
スポン
半分に切る
500g
砂糖
毎日かき混ぜ
冷蔵庫で
2週間おく

シソ
水を切ったシソを
白梅酢
白梅酢に
しんなりするまで
漬ける
漬けおわったら
よく搾る

〈材料〉

青梅	……… 1kg
砂糖	…… 約2kg
シソの葉	…… 青梅1粒に2枚
白梅酢	…… 200ml

群馬県川場村 宮田りえ子

② 梅をシソで巻く

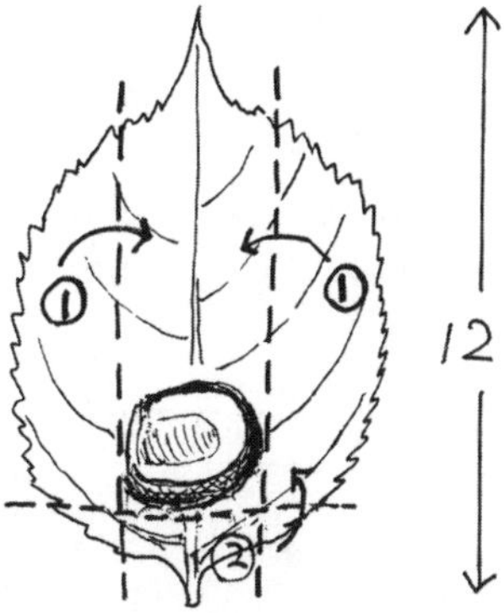
①
①
②

葉のつるつるした表面が
巻いたときに外側になるように
①②の順に折り込んだあと
くるくると巻く.

12cm 以上の大きな葉を使うと巻きやすい

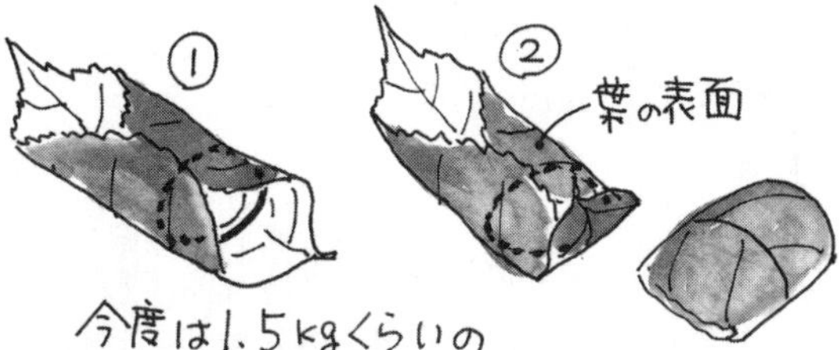
①
②
葉の表面

③ シソ巻きを漬ける

今度は1.5kgくらいの
多めの砂糖で
漬ける

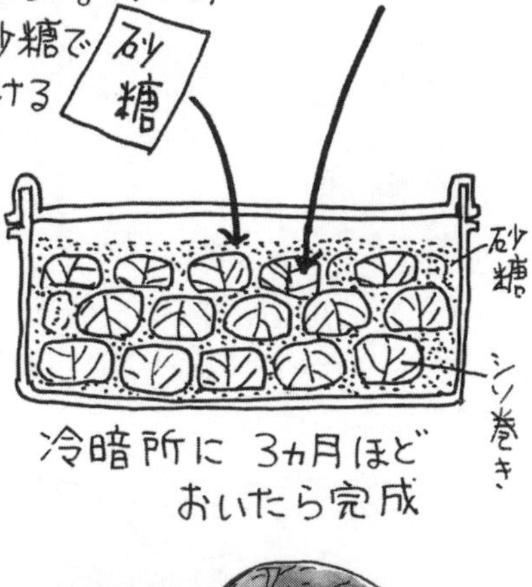
砂糖
砂糖
シソ巻き

冷暗所に 3ヵ月ほど
おいたら完成

私の梅の加工品の中でも
1番人気です

梅ワイン漬け

たまたま知り合った山梨の方に教えてもらったのが、小梅を使ったワイン漬けでした。　おいしかったのですが、食感がイマイチだったので、大粒の硬い青梅を使ってみたところ、カリカリとして さらにおいしくなりました。
わが家では いろいろな漬け物をつくって道の駅などで売っていますが、一番人気の商品です。

〈材　料〉

青梅(大粒)	1kg
塩	200g
赤ワイン	1.5～2合
砂糖	500～700g
赤シソ	適量

❶ 梅を塩漬けする

梅と塩を袋に入れよくもむ.

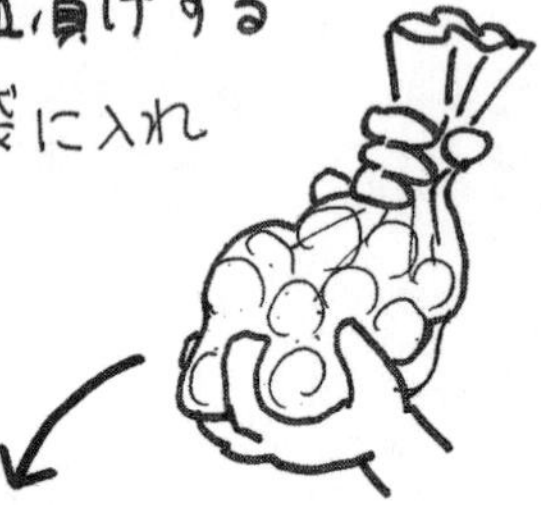

袋の梅を漬け物容器に移し、重石を載せて水が上がるまで漬ける(1～1日半)

❷ 梅を塩抜きする

木づちなどで割った梅を約1日水にさらして塩抜きする

ザルにあげて半日くらいおいてよく水を切る

群馬県川場村　宮田りえ子

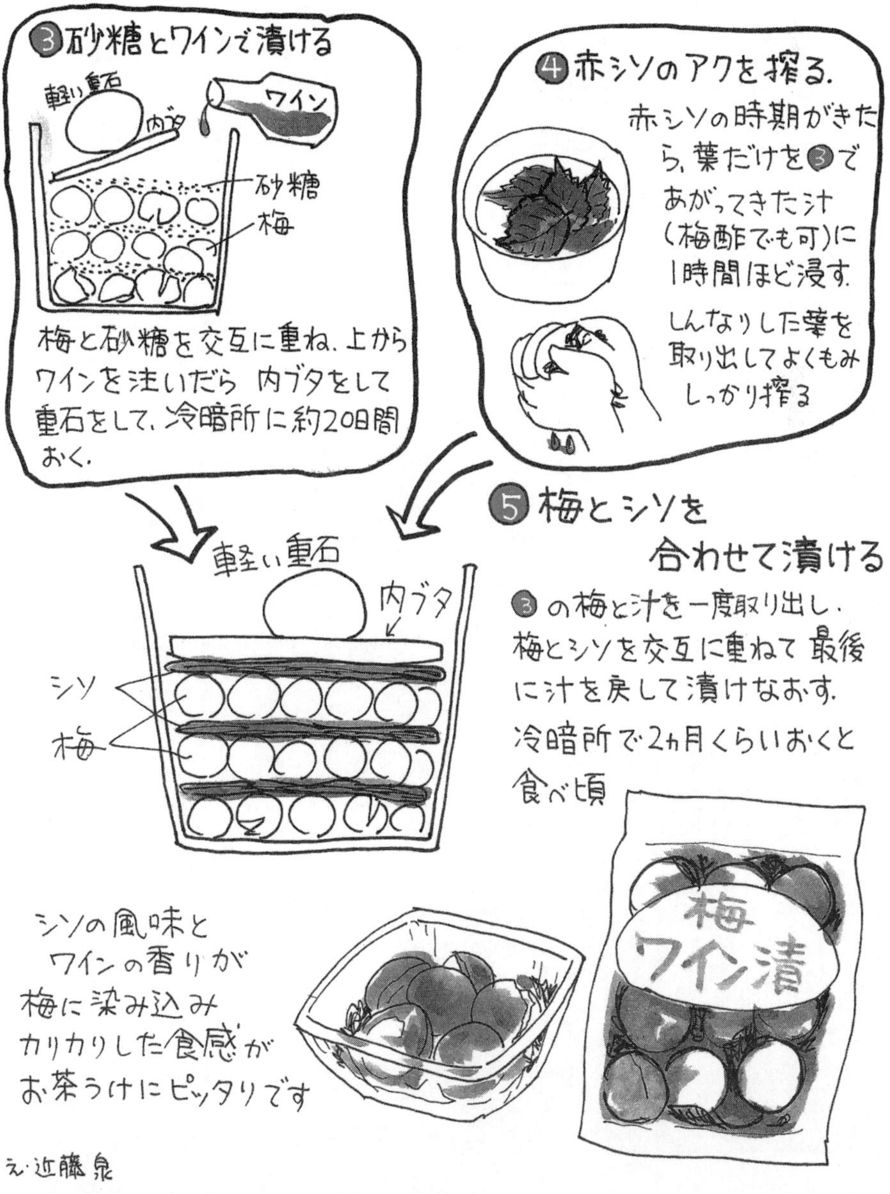
③砂糖とワインで漬ける
軽い重石
内ブタ
ワイン
砂糖
梅
梅と砂糖を交互に重ね、上からワインを注いだら 内ブタをして重石をして、冷暗所に約20日間おく。
④赤シソのアクを搾る。
赤シソの時期がきたら、葉だけを③であがってきた汁（梅酢でも可）に1時間ほど浸す。
しんなりした葉を取り出してよくもみしっかり搾る
⑤梅とシソを合わせて漬ける
軽い重石
内ブタ
シソ
梅
③の梅と汁を一度取り出し、梅とシソを交互に重ねて 最後に汁を戻して漬けなおす。
冷暗所で2ヵ月くらいおくと食べ頃
梅ワイン漬
シソの風味とワインの香りが梅に染み込みカリカリした食感がお茶うけにピッタリです

え・近藤泉

過熟梅のポタポタ漬け

塩分の少ない甘酢っぱい梅漬け。完熟梅を薄い塩水に漬けることで、梅自身の水分と果肉をたっぷり残し、ポタッとした感じに仕上げます。（青梅だとしわが寄って、果肉が減ってしまいやすいようです）　家族にもお客さんにも「このポタポタ漬けがおいしいんだよな」といわれ、気をよくして毎年漬けています。

大粒の梅がいいわね
色づきはじめた梅はとっても香りがいい

① 木から落ちる寸前の梅を収穫。

〈材料〉

梅	5kg
塩	1カップくらい
砂糖	1～2kg
酢	梅がかくれるくらい
塩もみした赤シソ	適量

② 軽く水洗いする。

長野県信州新町　塩入公子

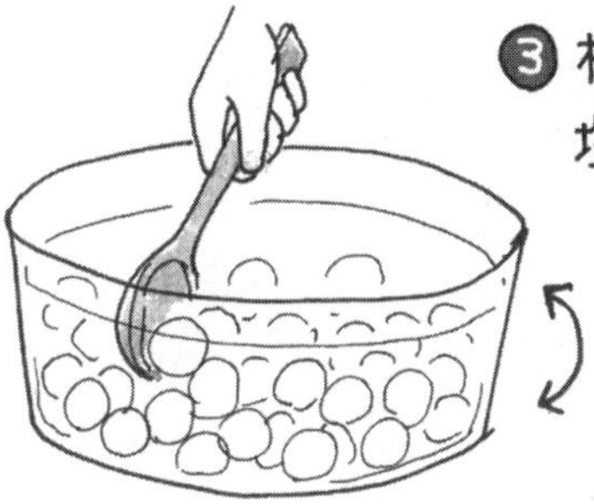

③ 梅が漬かるくらいの水に塩1カップくらい(約4%)を入れ、7〜10日間漬ける。毎日上下にかきまぜる。

※上にカビのようなものが浮いてきても大丈夫。気になる方は土用干しの前に表面を布でふきとってください。

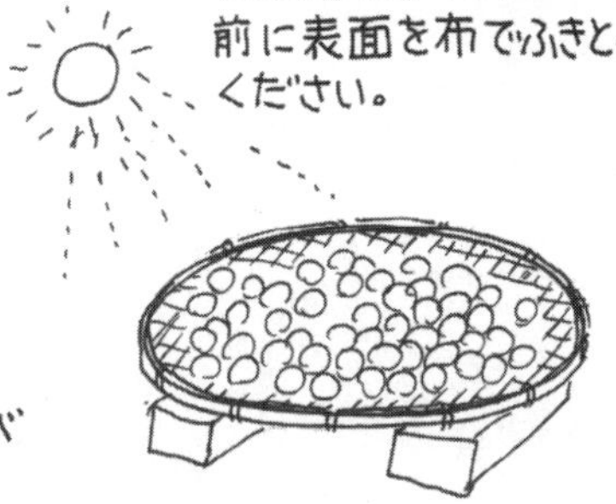

④ 土用の天気の良い日をみて3日3晩屋外で干す。

雨にあてないように

⑤ 干しあがった梅と、塩でもんだシソと砂糖を交互に重ね、梅がかくれる程度に酢を注ぐ。

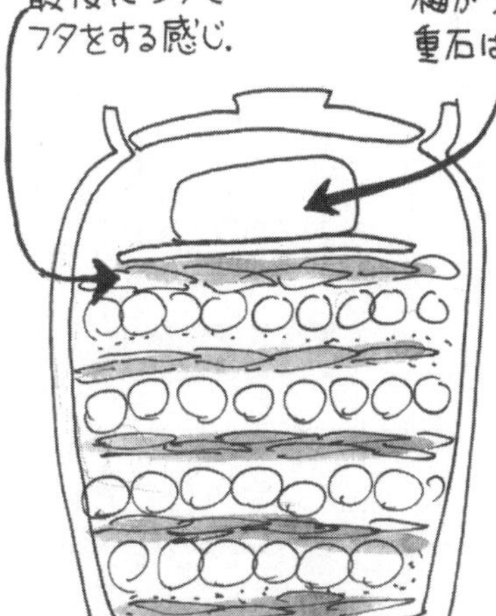
最後にシソでフタをする感じ。
梅がつぶれないように重石はあまり重くないものを。

2〜3ヵ月でポタポタしておいしくなります。

え・近藤泉

ブランデー入りのかおり梅

ウメ農家のお母さん8名でつくった「下久堅《しもひさかた》の食を考える会」で小梅の加工を始めて10年。安全・安心と自然の色にこだわった商品はどれも自慢のものばかりですが、ナンバーワンがこれ。「かおり梅」はパリパリとした歯ざわりで、お口の中でほのかにブランデーの香りがします。子供さんからご年配まで、とくに女性の方に人気です。

下漬け

①小梅を半日くらい水につけ、アクを抜く。

②水からあげ、塩とニガリをまぶしてよくもむ。

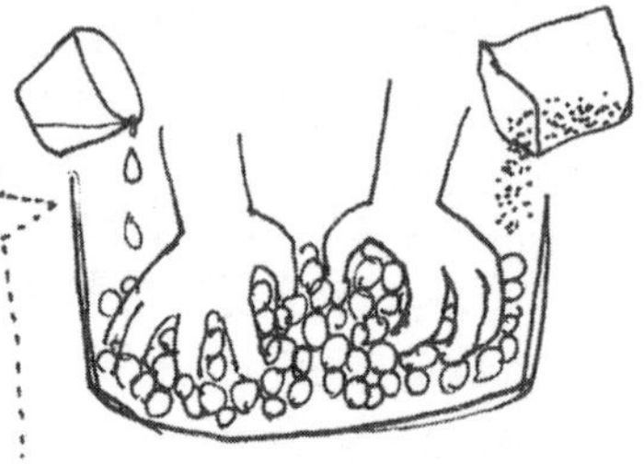

ニガリを入れることで半年以上たってもパリパリ感が続きます。

③重石をして一晩おく。

翌日梅酢があがる。

〈材料〉

小梅		1kg
下漬け	塩	50g
	ニガリ	50cc
本漬け	氷砂糖	700～800g
	ブランデー	200cc

長野県飯田市　宮脇幸子

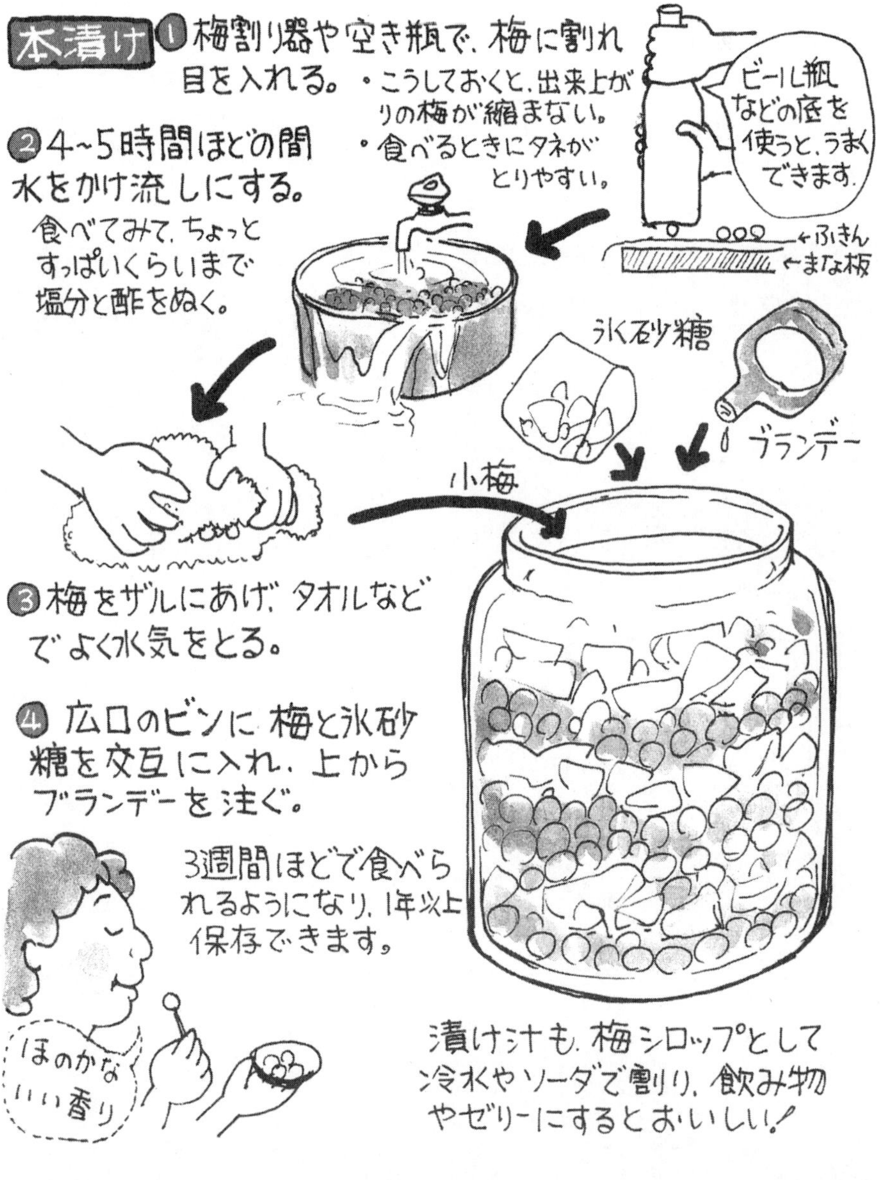
本漬け
①梅割り器や空き瓶で、梅に割れ目を入れる。
・こうしておくと、出来上がりの梅が縮まない。
・食べるときにタネがとりやすい。
ビール瓶などの底を使うと、うまくできます。
←ふきん
←まな板
②4~5時間ほどの間水をかけ流しにする。
食べてみて、ちょっとすっぱいくらいまで塩分と酢をぬく。
氷砂糖
ブランデー
小梅
③梅をザルにあげ、タオルなどでよく水気をとる。
④広口のビンに梅と氷砂糖を交互に入れ、上からブランデーを注ぐ。
3週間ほどで食べられるようになり、1年以上保存できます。
ほのかないい香り
漬け汁も、梅シロップとして冷水やソーダで割り、飲み物やゼリーにするとおいしい!

エシャレット漬け

山武市蓮沼特産のエシャレット。生のまま味噌等をつけて食べるのが一般的ですが、松前漬けのような感じで漬けてみてください。道の駅等に出品しておりますが、ファンが多く、よく売れています。

〈材料〉

エシャレット	300g（20本くらい）
ニンジン	3〜4本
スルメ	1/2〜1枚
昆布	20cmくらい

〈漬け汁の材料〉

しょう油	1/2カップ強
みりん	1/4カップ
酒	1/4カップ
酢	少量
化学調味料	少量

① 材料を切る。

エシャレットは葉っぱを含めて3cmほどに切り、下の丸い部分は縦に3つぐらいに切る。

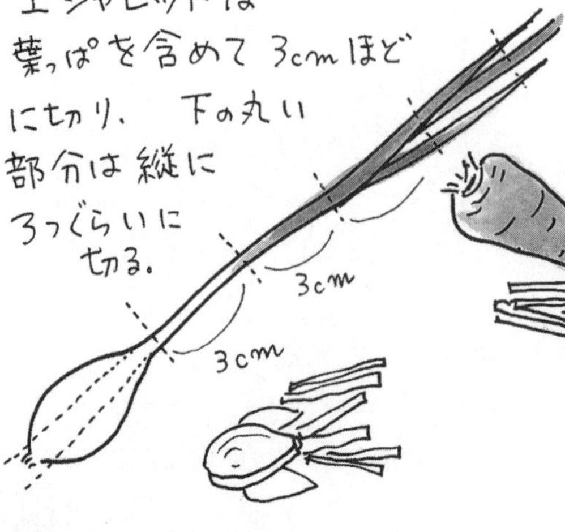

ニンジン、スルメ、昆布は千切りにする。

同じくらいの細さに。

千葉県山武市　椎名富美子

② 材料を漬け汁に漬ける。

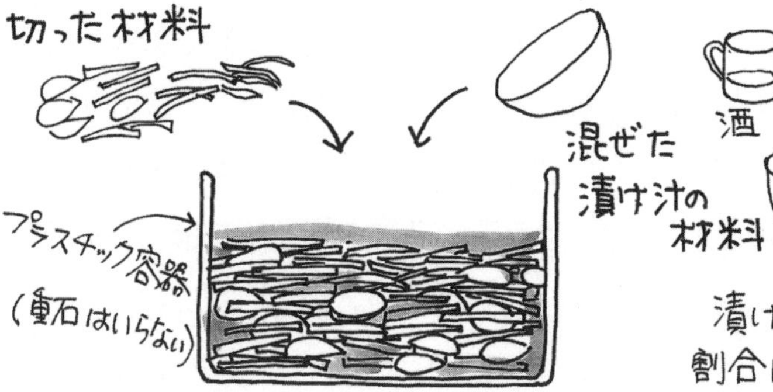
切った材料
混ぜた漬け汁の材料
プラスチック容器
（重石はいらない）

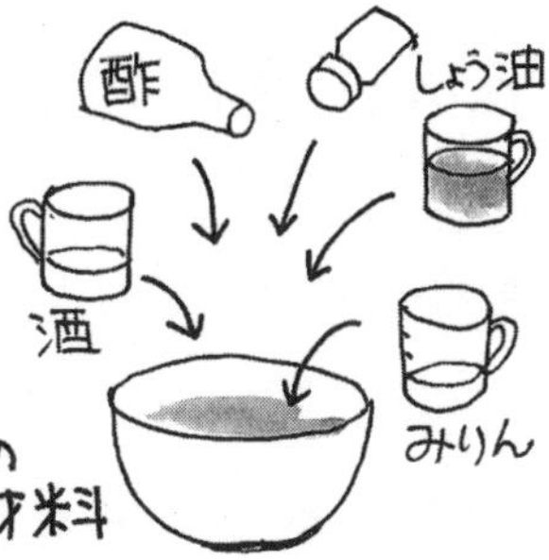
酢
しょう油
酒
みりん

漬け汁は 材料のヒタヒタくらいなので、まんべんなく漬かるように たまにかき混ぜて 上下を返す。

漬け汁の 材料の割合は 好みによって変える。さっぱりめの味が好きなら しょう油と酢だけでもいい。また 麺つゆだけで漬けてもおいしい。

冷暗所に2〜3日置き、
スルメがやわらかくなったら食べ頃

エシャレットの香りが食欲をそそり、お酒のつまみにも最適です

オクラの漬け物 2種

わが家ではハウスでオクラをつくっております。収穫が終わって株を倒すときに、少し小さいオクラがまだたくさんついていますからもったいないなぁと思い、自家製みそに漬けてみました。家の人に食べてもらったら「うめぇー!」。オクラも漬け物になるんだなぁと思って、加工して近所の人にあげたり、直売所に出すようになりました。今回は直売所で大好評の「しょうゆ漬け」と「甘口のみそ漬け」を紹介します。

〈材料〉

オクラ

漬け汁
- 白しょうゆ｝1に1の割合で 適量
- みりん｝
- タカノツメ 好みで
- ショウガ(千切り) 好みで

しょうゆ漬け さっぱりしておいしい

①オクラはヘタを平らに切り、塩もみして毛をとっておく。

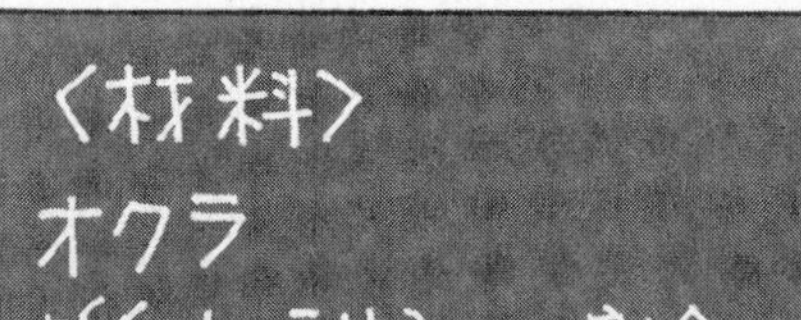

②オクラが4分目ほど浸るくらいの漬け汁をつくり、そこへオクラを入れる。

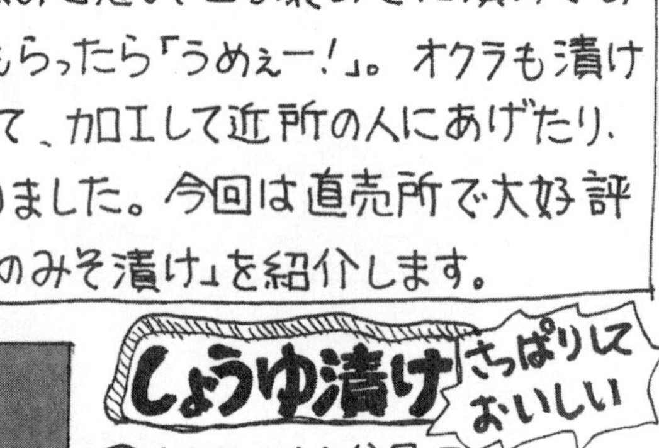

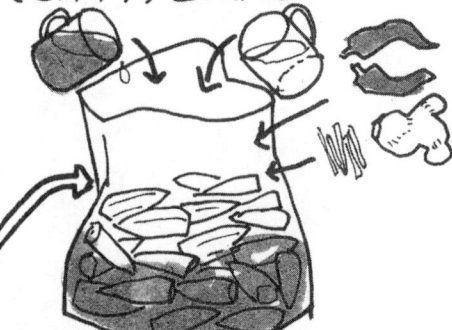

③袋の口をしばって冷蔵庫に入れ、半日で完成。
そのまま冷凍して長期保存もできます。

山形県山中町 ・ 高橋富貴子

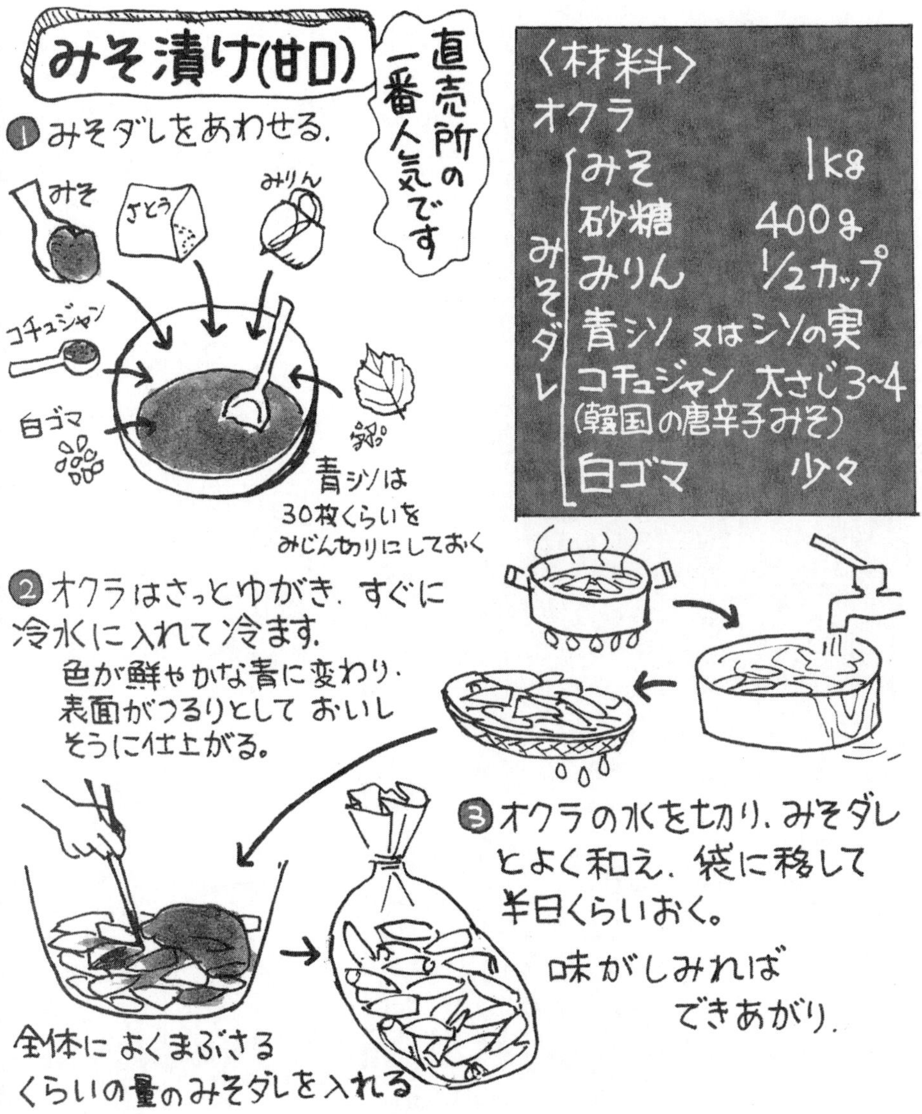
みそ漬け(甘口)
直売所の一番人気です
①みそダレをあわせる.
みそ
さとう
みりん
コチュジャン
白ゴマ
青シソは
30枚くらいを
みじん切りにしておく
〈材料〉
オクラ
みそダレ
みそ 1kg
砂糖 400g
みりん 1/2カップ
青シソ 又はシソの実
コチュジャン 大さじ3~4
(韓国の唐辛子みそ)
白ゴマ 少々
②オクラはさっとゆがき、すぐに
冷水に入れて冷ます.
色が鮮やかな青に変わり、
表面がつるりとして おいし
そうに仕上がる。
③オクラの水を切り、みそダレ
とよく和え、袋に移して
半日くらいおく。
味がしみれば
できあがり.
全体に よくまぶさる
くらいの量のみそダレを入れる

カラフル カリフラワーと赤カブ

無農薬で野菜をつくり、個人のお客さんに宅配しています。形の悪い野菜もおいしく食べてもらおうと、カットしてピクルスにして届けています。カリフラワーのピクルスは食感がおもしろいと評判ですが、オレンジと白のカリフラワーだけでは少しさみしいので、赤カブを一緒に漬けます。ピクルス液に赤カブのアントシアニンが溶けると、白いカリフラワーもほんのりピンクに…。

〈材　料〉

カリフラワー（白とオレンジ）		各3株
赤カブ		4個
ピクルス液	水	1.5ℓ
	米酢	3ℓ
	三温糖	1kg
	塩（赤穂の天塩）	約120g
	ローリエ	20枚
	ピクルススパイス（エスビー食品）	10ふり

カリフラワー はひとくち大に切り、30秒ほど湯通しする。

色がつきやすく、歯ごたえもちょうどよくなる。

白カリフラワー（美星）
オレンジカリフラワー（オレンジ美星）
赤カブ（愛真紅3号）

赤カブ は皮つきのまま半月形に切り、塩もみする。

味がしみやすくなる。

のピクルス

千葉県印西市　柴海《しばうみ》佳代子

ピクルス液 は水をはった鍋に材料を入れ.よく混ぜてから火にかける
酢
三温糖
塩
ローリエ
ピクルススパイス
沸騰したら火を止めてピクルススパイスを入れる.人肌に冷ます
16ℓの密閉容器
紫カリフラワーを使うとさらに濃いピンク色になります
塩もみした赤カブ
カラフル野菜のピクルス
密閉して常温で3~4日おいたら食べられる。
え・近藤泉

キクイモの味噌漬け

キクイモの味噌漬けは、旧足助町の名産品です。キクイモは、肥料も農薬もやらなくても育つので、うちの土手にも昔からありました。味噌漬けはとても簡単で、味噌の香りとコリコリ、シャキシャキ感が誰にも好かれるおいしさです。わが家でも好評で、毎年漬けています。

〈材料〉

キクイモ…1.5kg
味噌……1kg
砂糖……1kg
みりん…1カップ

①キクイモを洗う

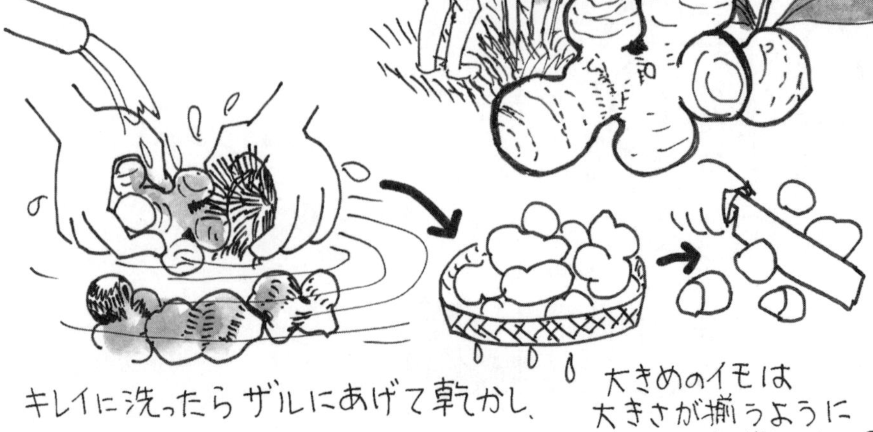

キレイに洗ったらザルにあげて乾かし、

大きめのイモは大きさが揃うように適当に切る。

愛知県豊田市　鈴木かぎ

② 味噌床をつくる

大きめのボウルで 味噌、砂糖、
みりんを 混ぜあわせる。

③ 味噌床にキクイモを漬ける。

ボウルに キクイモ を入れて
味噌床とよく混ぜあわせてから
ビニール袋に入れ、
フタつき容器に入れておく。

15日目ぐらいから食べられ
るが、30日くらいおいた方が
よく味がしみて おいしい。

夏は いたみやすいので
早めに食べ終えたほうがいい。

え．近藤泉

サラダ漬物

彩りキャベツの ザワークラウト

栃木県那須町　成澤ひみ子

作り方

①水（200cc）に、潰した粒こしょう（2粒）、ちぎったローリエ（2枚）、キャラウェイシード（小さじ半分）、輪切りにしたトウガラシ（1本）、塩（24g）を混ぜて、調味液を作る

②水気を切ったキャベツ（合計1kg）を5㎜幅にざく切り。調味液を混ぜ、軽くもむ

③キャベツを3kgの重石で下漬け。半日～1日ほどで水が上がる

④本漬け。キャベツが空気に触れないようにラップで覆い、その上から1kgの重石を載せる。室温（約20度）で1週間ほどおいて完成

ふつうザワークラウトは緑色のキャベツで作ることが多いです。わが家では、紫色や葉がちりめん状のキャベツも混ぜて漬けます。見た目も食感もいろいろな表情があって、食卓に彩りを添えてくれます。酢漬けではなく発酵させるため、甘みもあります。

伝統の漬物を、塩分控えめでやや甘みのある味にし、若い人でもサラダ感覚で食べられるようにアレンジしました。

あっさり味のすしこ漬け

青森県つがる市　竹内きよゑ

作り方

①1㎝幅に切ったキャベツ（中1個）、輪切りにしたキュウリ（5本）に塩（大さじ4）をふり、一晩おく

②みじん切りにした赤ジソ（150枚）を塩（1つかみ）でもむ。もんで黒い汁が出たら捨てる、を3回ほど繰り返す。赤い汁が出たらクエン酸（大さじ1）を振り、シソを搾って汁をとる（搾りかすは捨てない）

③もち米（4合）を硬めに炊く

④ご飯に酢（大さじ3）、砂糖（大さじ2）、シソの搾り汁（180㎖）を混ぜて、色をつける。赤くなったご飯にキャベツ、キュウリ、シソの搾りかすを混ぜて、ひと晩おく

キュウリのからし酢漬け

暑くなってくると食欲がなくなります。こんなときはキュウリのからし酢漬けが最高。パクパクと食べられます。また、酒のつまみにもよくあいます。漬けてから2週間で食べられ、また、からしと酢が入っているので1年くらいはもちます。
おいしいですよ！

〈材料〉

キュウリ	10kg
塩	750g
砂糖	2.5kg
粉がらし	300g
酢	750cc

① 桶に生のキュウリを入れる。

袋の底を手でポンポンと叩くようにするとうまく混ざる

② ビニール袋に塩、砂糖、粉がらしを入れて混ぜる。

山形県山形市　加藤国子

③ ②を①のキュウリの上にあける。
重石はしても
しなくてもよい
④ ③の上に酢を注ぎ入れる
漬けてしばらくするとヒタヒタまで水が上がってくる
⑤ 重石をした場合は、3日に1度くらい、重石をしない場合は毎日、かき混ぜると味のムラがなくなる。2週間でできあがり。
漬け物は手をかけるほどおいしくなるのよ

キュウリのたたき

仲間を招き、年間10回以上の宴を、男料理で一人で準備します。シンプルで早くでき、かつおいしいつまみを考えるなかで、このキュウリのたたきができました。焼酎のつまみに最高です。

キュウリは夏場の新鮮な露地キュウリが最適。前にハウスキュウリで作ったこともありますが、水っぽくて青臭く、人気がありませんでした。

〈材料〉

キュウリ	約1kg
ニンニク	5片以上
岩塩	やや多めにひとつまみ

① キュウリを砕く

キュウリをまな板にのせ、手の平の底で体重をのせながら押し砕く

体重が軽い人はすりこぎ棒で叩いてもいい

キュウリは包丁を使わず手で一口大になるようほぐす

宮崎県西都市　荒川弘人

② 材料を混ぜる
岩塩は
まんべんなく
ふりかける
ニンニク
すりおろして
手で混ぜず、ボウルをつかんで
鍋返しの要領で3回ぐらい返した方
が全体的に
バランスよく
混ざる
10分もたてば
食味、歯ごたえは良好
ぬくもりのある食感で
焼酎が進みます
友人からは"待ってました"
次々に手が伸びます。
え・近藤泉

冷凍

キュウリのピクルス

家で食べる野菜くらいしか作っていませんが、夏場はキュウリが食べきれないほどできます。うまく保存できる方法がないか考え、ピクルスを作って冷凍してみました。長持ちするし、冷たくておいしいので、暑い夏にはもってこいです。

〈材料〉

キュウリ	2.5kg
ショウガ(千切り)	100g
しょうゆ	4カップ
酢	2カップ
みりん	1/2カップ
砂糖	350g
だしの素	大さじ2杯

① フタ付きプラスチック容器にキュウリを並べる。

② キュウリ以外の材料を全部あわせて火にかけ、沸騰したら火を止める。

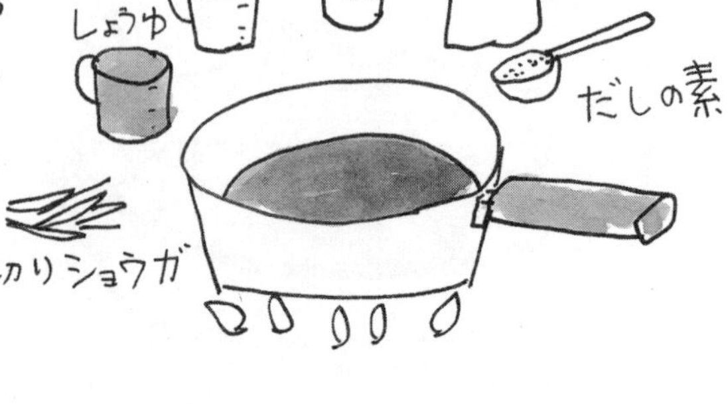

静岡県静岡市　小林敦子

3　②の汁を熱いうちにキュウリにかけて漬ける。

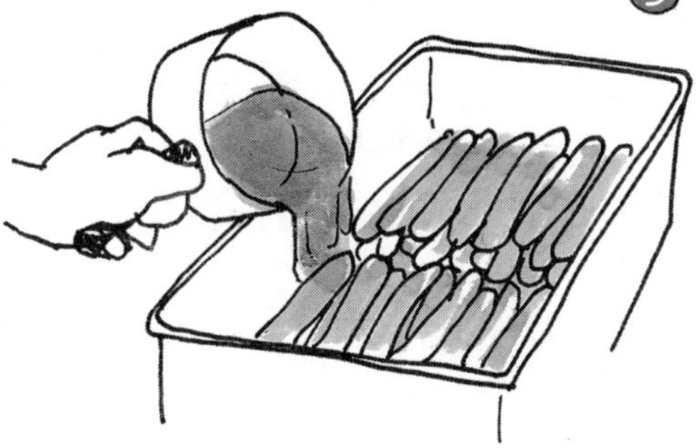

1日漬けたら、いったんキュウリを取り出し、容器の汁を鍋にうつして沸騰させ、またキュウリにかけて1日漬ける。3〜4回繰り返し漬けたらできあがり

そのままでも食べられるがスライスしたものを冷凍し、自然解凍させながら食べるとひんやりしておいしい。

とてもサッパリしているのでご飯もすすみます。

ヨーグルトと味噌の

私の住む信楽《しがらき》は山里なので 昔から漬け物を 多く食べますが 脳梗塞などで亡くなる方も多く、塩分の摂りすぎが心配されます。そこで、できれば塩分の少ないおいしい漬け物を広めたいと思いました。考えたのが 味噌にヨーグルトを入れることです。少ない塩分でも まろやかで コクのある漬け物を作ることができました。

〈材 料〉

ヨーグルト（プレーン）	200g
味 噌	400g
キュウリ	3~4本
ニンジン	1本

① ヨーグルトと味噌をよく混ぜて漬け床を作る。

ヨーグルトと味噌のハーモニー

健康漬け

滋賀県甲賀市 竹永幸子

② 漬け床をバットに移し、そこへキュウリとニンジンを入れる。

ニンジンは
四ツ切りにして
入れる

③ ラップで表面をしっかり覆い、
冷蔵庫で10～24時間
寝かせればできあがり。

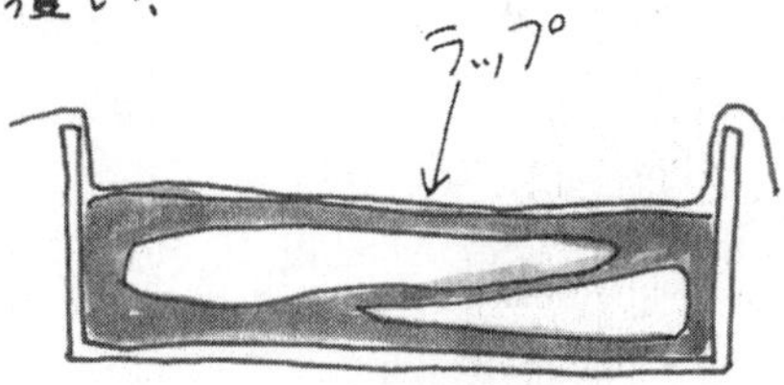
ラップ

色もキレイに仕上がって
おいしいよ!

漬け床は 3回くらい使えます。
水分が出てきたら、キッチンペーパーで
吸い取ってやります。 味が薄くなって
きたら、味噌汁に使ってもいいし、
炒めものの味つけに使っても
おいしくなりますよ。
床に ねりカラシを入れてみたら、
またちがう味がして おいしく
食べられました。

ゴーヤー（ニガウリ）のシソ漬け

鹿児島の夏は長く、春、秋は短いです。
暑い夏を乗り切るスタミナ源として、ゴーヤーを漬けるのを楽しみにしております。
簡単な漬け方ですので、どうぞ一度おためしください。

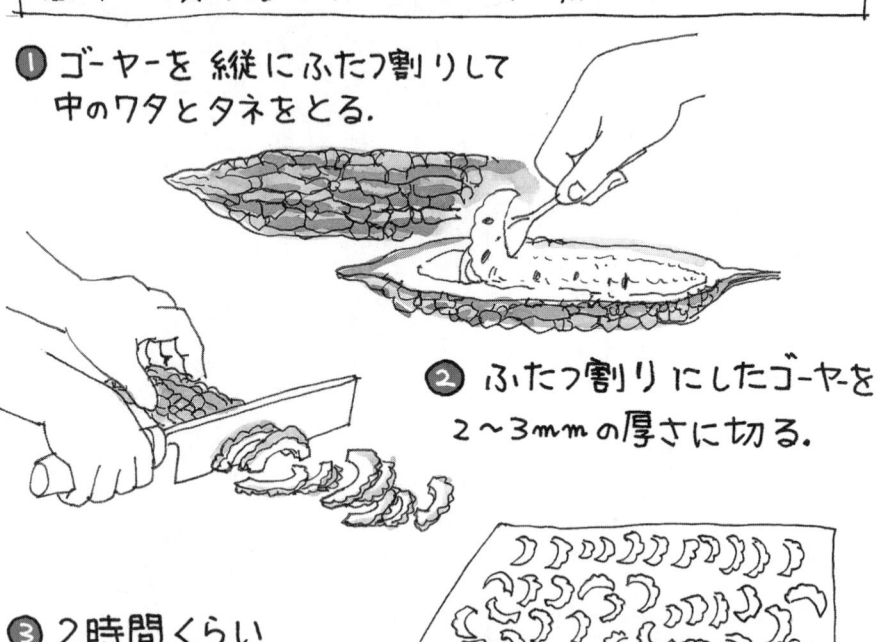

❶ ゴーヤーを縦にふたつ割りして中のワタとタネをとる。

❷ ふたつ割りにしたゴーヤーを2～3mmの厚さに切る。

❸ 2時間くらい陰干しにする。

干さなくても漬けられるが、干した方がよく味がしみこむ。ただし干しすぎると固くなってしまうので注意すること。

鹿児島県日置市 前野愛子

④ のりのビンに
1. ゴーヤー
2. 氷砂糖
3. シソまたは梅干
の順に入れ、
フタをする。

〈材料〉

ゴーヤー（ワタをとったもの）…1kg
（梅を漬けたあとの）
シソまたは梅干……500g
氷砂糖…………1kg

シソ
氷砂糖
ゴーヤー

ときどきフタをとって
手で押してやると、
早く漬かる。

だいたい1カ月くら
いおいて、氷砂糖
が溶けて水が
あがったら食べ頃。

あざやかな赤紫色で
見た目もきれい。

冷蔵庫に入れておけば
1年以上たっても、おいしく
食べられます。 苦みはあまり
なく、甘酸っぱくて 焼酎の
おつまみや お茶うけとしても
おいしい ですよ。

ゴーヤー（ニガウリ）の味噌漬け

甘辛くてほんのり苦く、食欲がわいてくるので、夏バテの食にはうってつけです。
息子が宴会のつまみに持っていったところニガウリを嫌いな人がパクパク食べて、後で「これ、ニガウリだったんですか?」と驚いていたそうです。

〈材 料〉

ゴーヤー		5 kg
漬け床	だし昆布	200 g
	タカノツメ	少々
	味 噌	2 kg
	砂 糖	1 kg
	焼 酎	1カップ

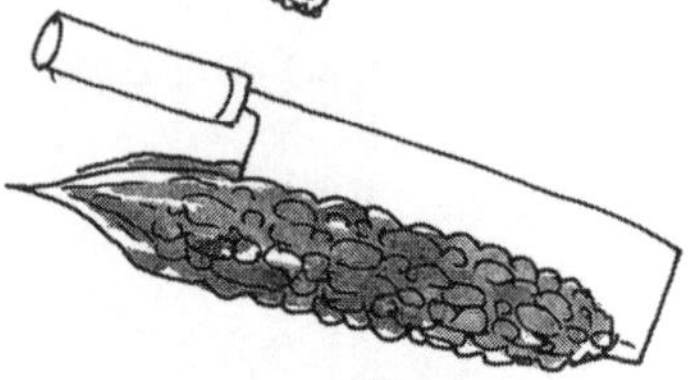

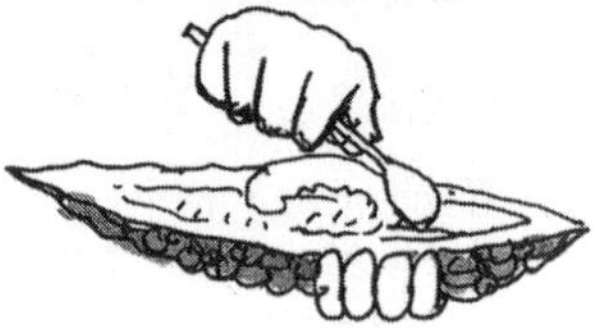

❶ ゴーヤーは縦半分に切ってスプーンでタネをとり、朝から午後3時ころまで干します。

大分県竹田市 阿南具子

だし昆布
5mmくらいに切る
タカノツメ
タネをとる
味噌
焼酎
砂糖

② 材料をよく混ぜて漬け床をつくります.

重石をすると早く漬かりますがしなくても大丈夫.
フタをしっかりしないと虫が入ります.

③ 干したゴーヤーと漬け床を交互に重ねて漬けます。

20日間ほどで ゴーヤーの中まで 味噌の色が浸み込んだら できあがり。

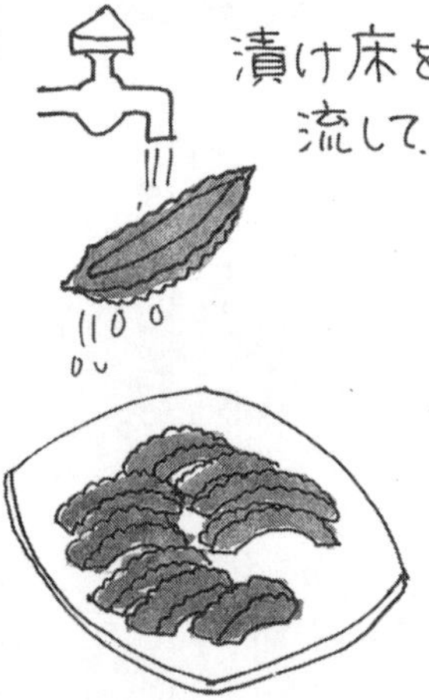

漬け床を水で洗い流して、切り、盛りつけます.

ごはんのおかずにもお茶うけにもよく、家族がよろこんでくれます.

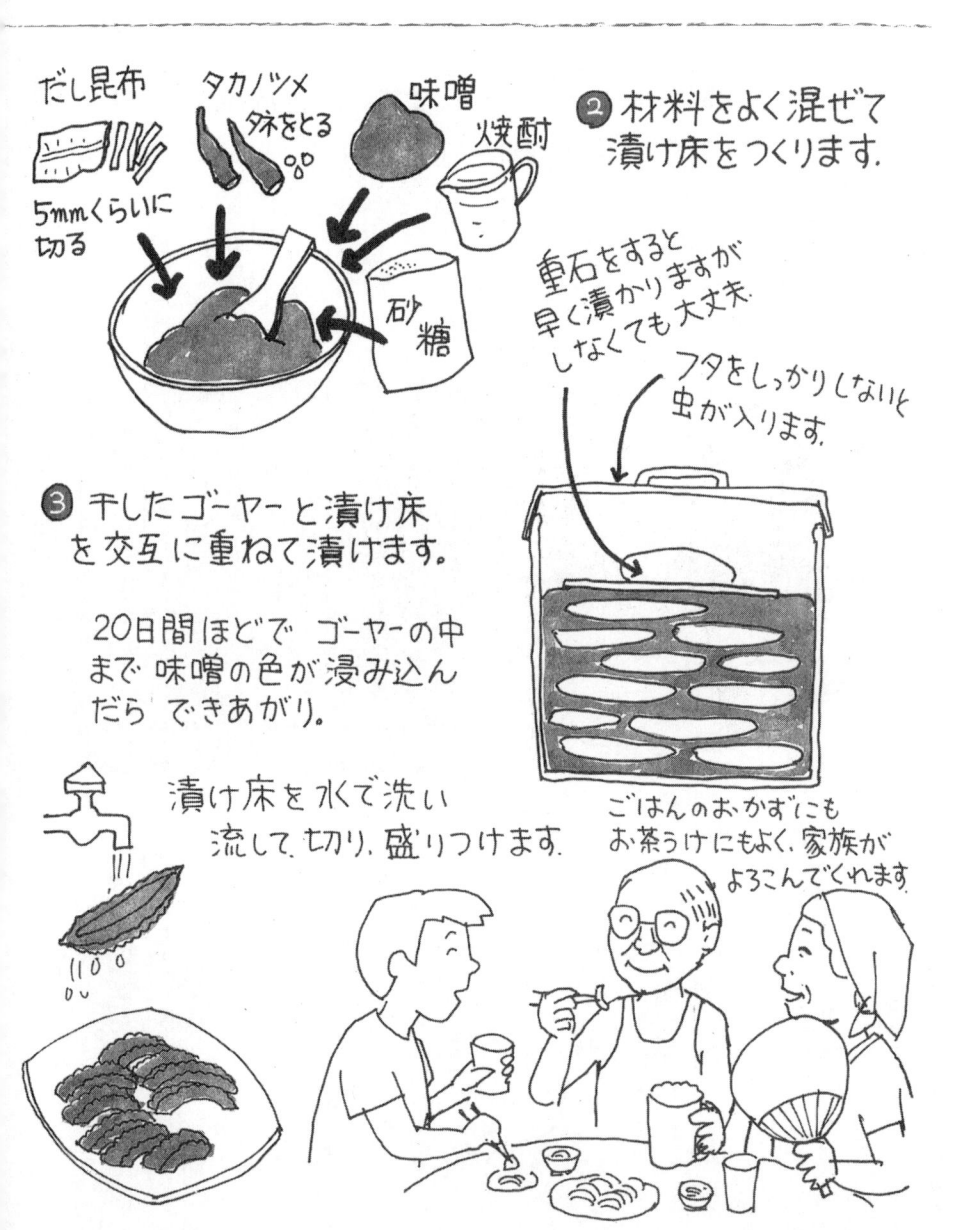

ゴーヤーのあっさり漬け

真夏には野菜がたくさんとれます。 私の漬け物はたくさん実ってくれた野菜に対する感謝の気持ちの現れとでもいいましょうか……。
この漬け物は、暑いのでさっぱりした味に仕上げてみようと思い、ゴーヤーの苦みを残しつつ、酢で味をつけてみました。

①ゴーヤーはタテ2ッ割りにして、タネとワタを取り除いて洗う。

〈材料〉

ゴーヤー		1kg
漬け汁	しょう油	180cc
	酢	180cc
	みりん	50cc
	砂糖	50g
トウガラシ		2〜3本

②ゴーヤーを2〜3cm幅の小口切りにし、サッと熱湯にくぐらせてからザルにあげよく水を切る。

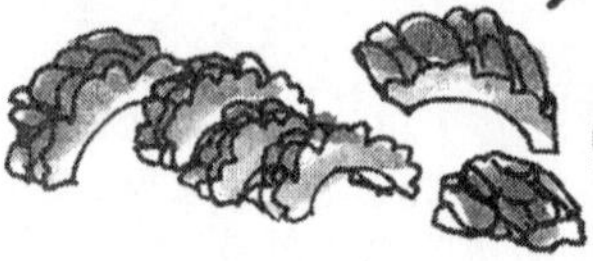

熱湯に長く浸すと、歯ざわりが悪くなるので注意！

群馬県吉井町　武藤文子

③漬け汁の材料を一度煮立たせ、常温になるまで冷ます。

しょう油
酢
みりん
砂糖
トウガラシは輪切りにし、火を止めてから入れる。

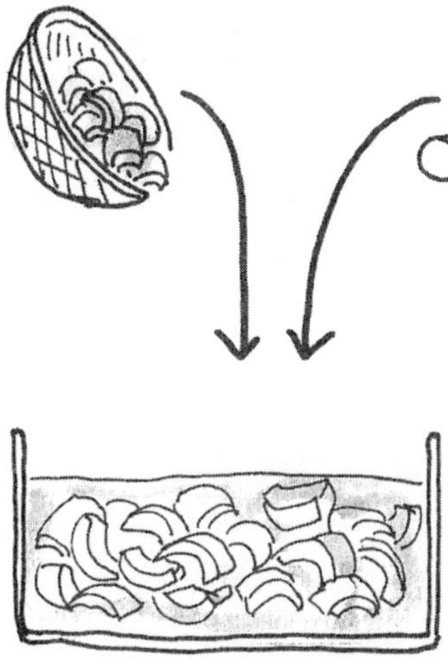

④ゴーヤーと漬け汁をプラスチックの密閉容器に入れ、冷蔵庫で2～3日漬ける。

薄味でおいしいのですが
時間が経つと味がかわってきます。
そこで水気を切って、味噌に
漬け込むと、また違った味が
楽しめ、長持ちするようにも
なります。
こんな私は
欲張りでしょうか…?!

え、近藤泉

シイタケの粕漬け

畑でとれたキュウリやアスパラガスなどを、貯蔵できるように粕漬けにしています。 今回はシイタケの粕漬けに挑戦してみましたので、みなさんに紹介します。

❶ シイタケを洗い
石づきを切り落とす

❷ 蒸し器、セイロなどで
10分ぐらい蒸す

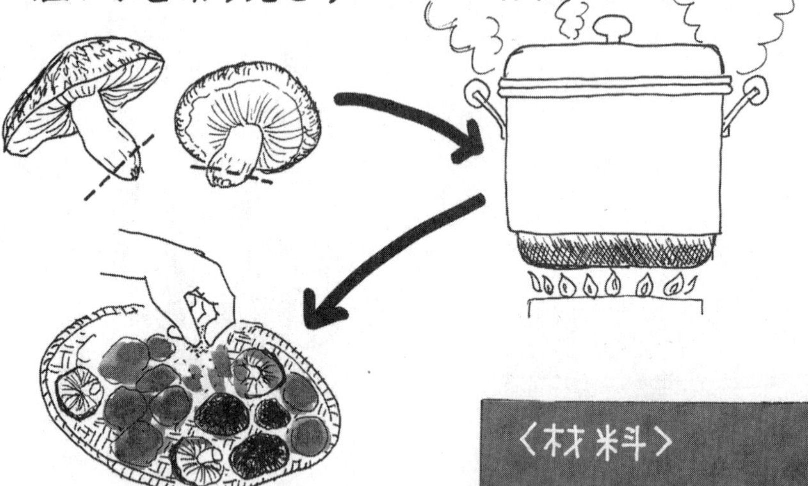

❸ 蒸したシイタケを竹ザルにあげ、10分程おいて塩をふる。

❹ 1時間ぐらい塩をなじませたらふきんでシイタケの水気をとる。

〈材料〉

シイタケ	2kg
酒粕	2kg
砂糖	200g
塩	少々

※ 酒粕と砂糖はまぜておく。

佐賀県伊万里市 森田キト

❺ のりビンか密閉容器に、砂糖をまぜた酒粕とシイタケを交互にいれて漬け込む。

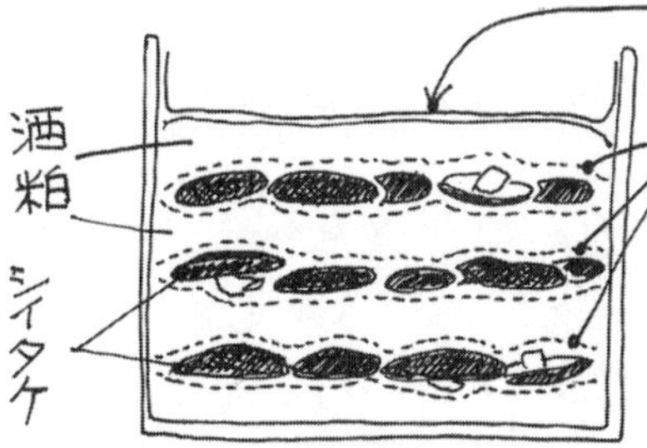
酒粕
シイタケ

ラップ…粕が空気にふれないように、ピッタリかぶせる。

ガーゼ…食べるときに、粕を洗い流すと味が抜けてしまうので、粕がつかないようにガーゼでシイタケをはさむ。

❻ 漬けて1週間後ぐらいから食べられます。

酒の香りがしておいしいわ
珍しいわね
(え)近藤泉

来客があればお茶受けに出して喜ばれています。

集まりがあるといろいろな漬け物を持って行きます。話もはずむし、次回漬けるときのアイデアも出ます。

トウガラシ味・洋がらし味 2種

シイタケの粕漬け

宮崎県のシイタケ産地、奥日向。私たち生産者のバアちゃんたちで知恵を出してつくった粕漬けは、甘くてピリッと辛く、シイタケのコリコリとした食感が特徴です。味は2種類で、あっさりとしたトウガラシ味と、コクのある洋がらし味。粕も一緒に食べます。

干しシイタケを水でもどす

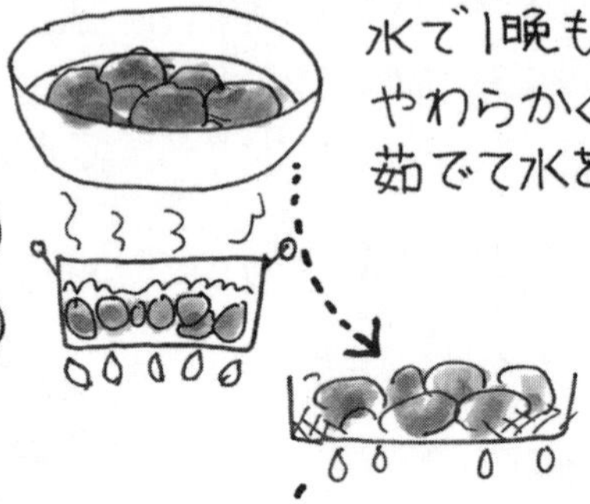

水で1晩もどしたあと
やわらかくなるまで
茹でて水を切っておく

シイタケを調味料で煮る

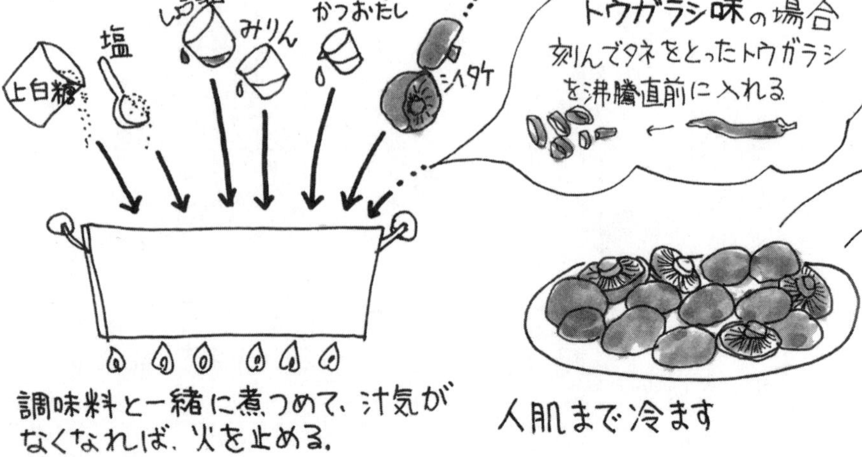
上白糖
塩
しょう油
みりん
かつおだし
シイタケ
トウガラシ味の場合
刻んでタネをとったトウガラシ
を沸騰直前に入れる

調味料と一緒に煮つめて、汁気が
なくなれば、火を止める。

人肌まで冷ます

宮崎県美郷町　甲斐俊江

〈材 料〉

干しシイタケ……100g

調味料
- 上白糖……60g
- 塩……5g
- 淡口しょう油……20ml
- みりん……20ml
- 濃縮かつおだし……10ml
- トウガラシ味の場合　トウガラシ　中1本

粕床
- 酒粕……400g
- 上白糖……80g
- 塩……6g
- みりん……40ml
- 洋がらし味の場合
  - 粉がらし　3g
  - ぬるま湯　5ml
  - サラダ油　2ml

粕床をつくる

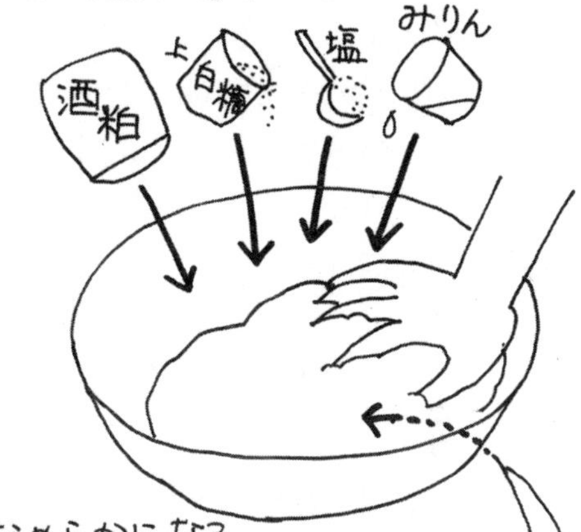

酒粕
上白糖
塩
みりん

なめらかになるまで混ぜる。フードプロセッサーなら楽。

洋がらし味の場合
粉がらしをぬるま湯で練り、粕床に混ぜる。からしにサラダ油を加えると辛みがとびにくい。

漬ける

粕床
シイタケ

プラスチックの容器に入れて2～3時間おくと完成

あっさり風味のトウガラシ味

コクのある洋がらし味

シイタケの酢漬け

島根県はかつて良質で重いドンコシイタケ(いしドンコと呼ぶ)の産地でした。ところがその後、中国から輸入されるようになって価格が暴落。一時は、やや高値のドンコシイタケはなかなか売れなくなってしまいました。 最近「シイタケが健康にいい」といわれるようになって、ドンコシイタケも見なおされてきました。さらに付加価値をつけて販売したいと思い、無農薬、無肥料の原木自然栽培のシイタケを使って、この酢漬けを作るようになりました。

❶ シイタケをゆでる。

沸騰してから塩とシイタケを加え、5分くらいゆでる。

〈材料〉

シイタケ……300g
生、または水でもどした干シイタケ
石づき、軸を切り取ったもの

塩……少々

漬け汁用
- 赤トウガラシ……1本
- ショウガ……ひとかけ
- 醸造酢……100cc
- しょうゆ……100cc
- 砂糖……1カップ

ザルにあげて水気を切り冷ます。

島根県奥出雲町 野津志貴代

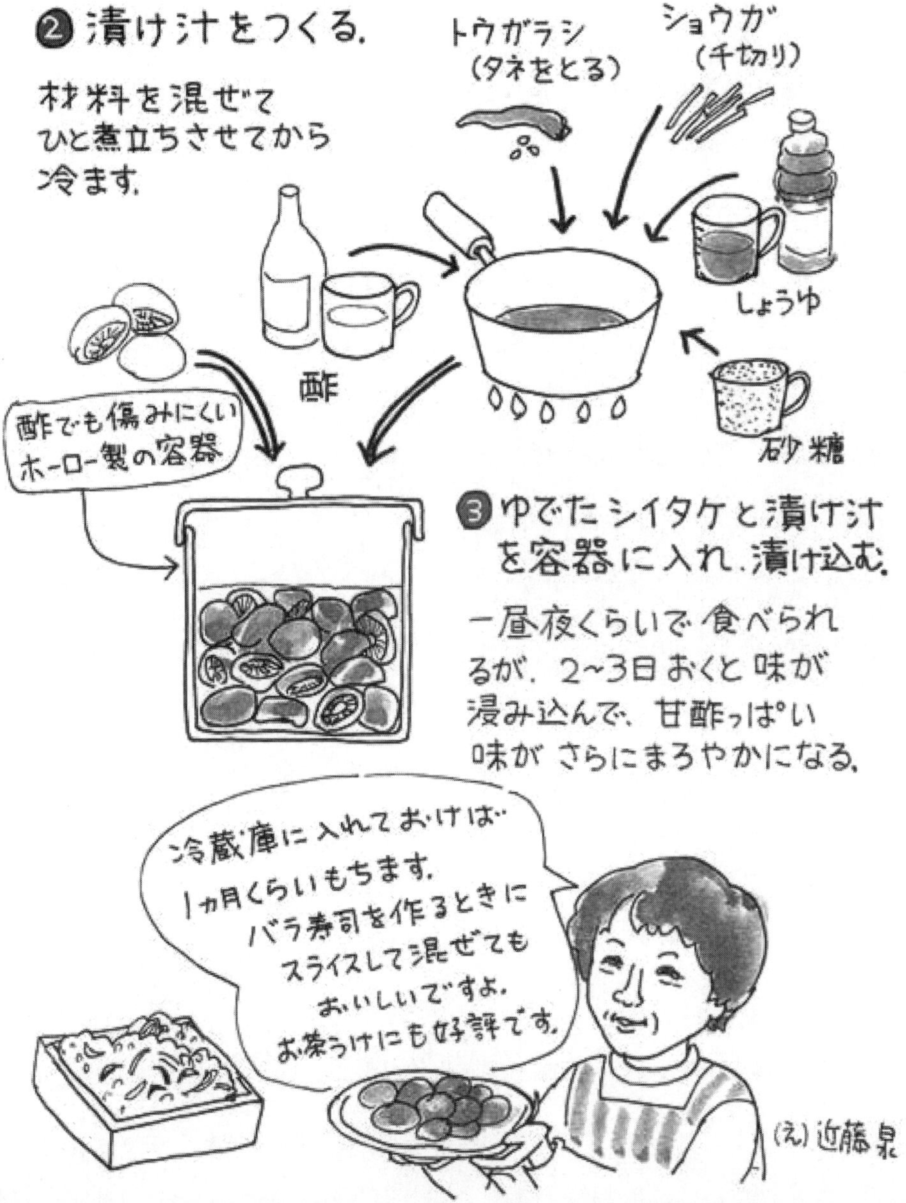
② 漬け汁をつくる。
材料を混ぜて
ひと煮立ちさせてから
冷ます。
トウガラシ
（タネをとる）
ショウガ
（千切り）
しょうゆ
酢
砂糖
酢でも傷みにくい
ホーロー製の容器
③ ゆでたシイタケと漬け汁
を容器に入れ、漬け込む。
一昼夜くらいで食べられ
るが、2~3日おくと味が
浸み込んで、甘酢っぱい
味がさらにまろやかになる。
冷蔵庫に入れておけば…
1カ月くらいもちます。
バラ寿司を作るときに
スライスして混ぜても
おいしいですよ。
お茶うけにも好評です。
（え）近藤泉

シマウリのズボラ漬け

ウリの粕漬けといえば、奈良漬けが有名ですが、塩漬け、塩抜き、陰干し、本漬け…と、とても手間がかかり、技術も必要で上級者向きです。その点、このズボラ漬けは、下漬け不要の一発漬け。素人さんでも失敗なくできるので、直売所のお客さんもレシピを見て「やってみようかな」と思ってくれるみたいです。シマウリもよく売れるようになりました。

〈材 料〉

シマウリ……4kg
(冬はハヤトウリ)
酒粕……4kg
塩……500g
ザラメ……1kg

❶酒粕、塩、ザラメをよく混ぜて2日間おき、漬け床をつくる。

少量なら、密閉できるジッパー付き保存袋や、フタ付きの小さな容器でつくってもいい

後でウリを入れることを考えて、漬け床は容器の$\frac{1}{2}$になるくらいがよい。

滋賀県米原市 ● 千田みさ子

② シマウリはタテ半分に切って種をとり、
少しおいて表面の水気は乾かす。

③ シマウリを漬け床に
適当に沈め、フタをして
冷蔵庫に入れる。
10月からは冷蔵庫の
外でもいたまない。

2〜3日は毎日中を確認して
浮いているウリがあれば
押し込む。

長く漬ける
ときは、ウリの量を
3kgにすると、
水があまり出ず
いたみにくい。

1ヵ月後くらいから食べられる。

カリカリッと
歯ごたえがよく、
ご飯にぴったり。
秋から冬には
ハヤトウリもズボラ漬けに
します。
こちらは柔かいので
歯の弱いお年寄りにも
食べやすいのよ。
シマウリ

え：近藤泉

シロウリのカレー漬け

以前はよく、シロウリを粕漬けにしましたが、お茶の会で友人に教えてもらったカレー漬けがおいしくて、それから自分でも作るようになりました。お茶うけにもいいですし、息子はビールのおつまみにしてもおいしいと言ってくれます。カレー粉のおかげなのか日持ちも良く、1年たってもおいしく食べられます。

〈材 料〉

シロウリ（本ウリ） タネをとったもの	3kg
砂糖	1.5kg
酢	3合
カレー粉	25g
塩	適量

① シロウリを縦半分に切り、タネを取り除く

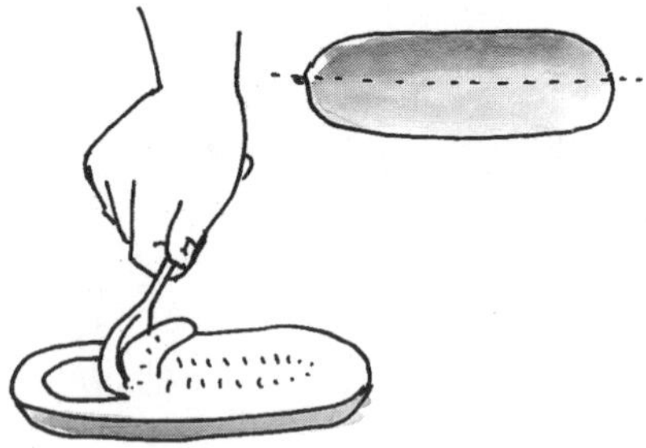

② 2晩塩漬けする。

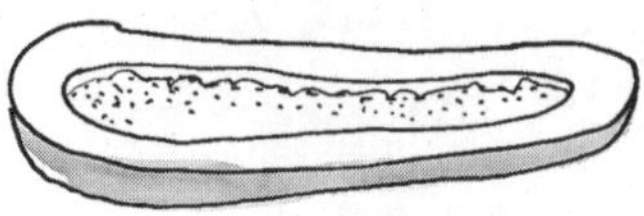

タネをとったあとのくぼみに8分目くらいまで塩を入れ、切り口を上にして容器の中に入れ、重石をする。

長野県長野市　藤本百合

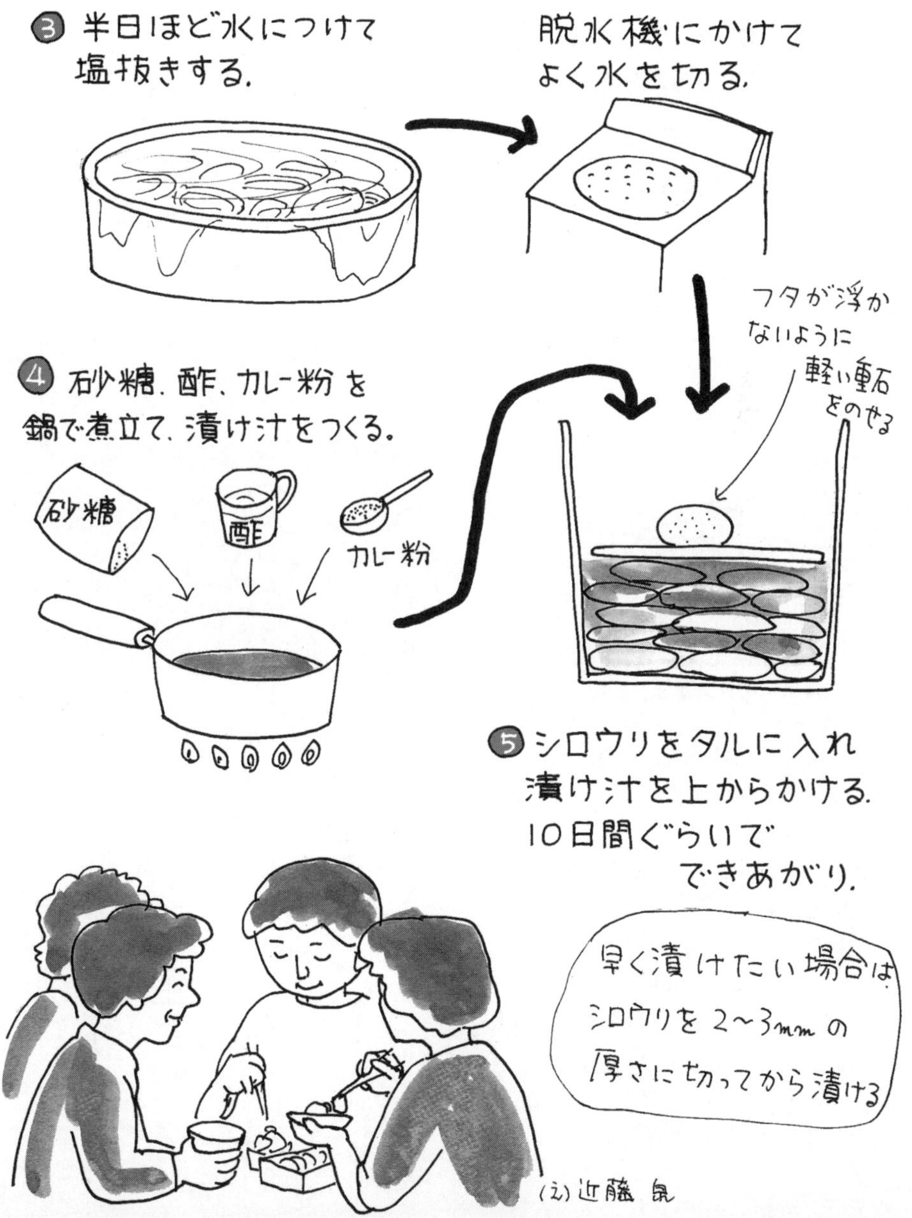
③ 半日ほど水につけて
塩抜きする.
脱水機にかけて
よく水を切る.
フタが浮か
ないように
軽い重石
をのせる
④ 砂糖、酢、カレー粉 を
鍋で煮立て、漬け汁をつくる。
砂糖
酢
カレー粉
⑤ シロウリをタルに入れ
漬け汁を上からかける.
10日間ぐらいで
できあがり.
早く漬けたい場合は
シロウリを 2〜3mm の
厚さに切ってから漬ける
(え)近藤 泉

ズッキーニの味噌漬け

ズッキーニがたくさんとれる夏場は、農作業があまりにも忙しすぎて 料理をする時間も少なく、食べきれなくてもったいないと思っていました。
ダイコンやキュウリは味噌漬けで売っているのを見たことがあるので、ズッキーニでもできるはずだと思い、つくってみました。

①ズッキーニを塩漬けする

ズッキーニはヘタをおとして縦半分に切る.

大きめのポリ容器に、平らに並べ、塩をたっぷり振りかけてはズッキーニを並べる.
塩の量はズッキーニが隠れるほどではないが、カビないように多目に.

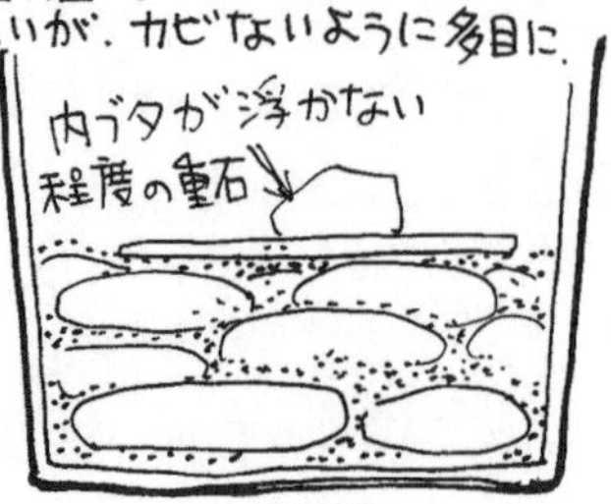

ズッキーニは収穫した順に次々と入れ足し、そのたびに塩もふる.
日のあたらないところで涼しくなる秋口まで漬けたままにする.

〈材料〉5本あたりの目安

ズッキーニ	5本
とり遅れてサイダー瓶くらいの太さになったもの	
塩	適量
味噌	適量
ザラメ	約500g

②塩抜きする

水洗いしたズッキーニを半日くらい水に浸して塩抜きした後、水分をふき取る.

福島県福島市 ● 黒須みき子

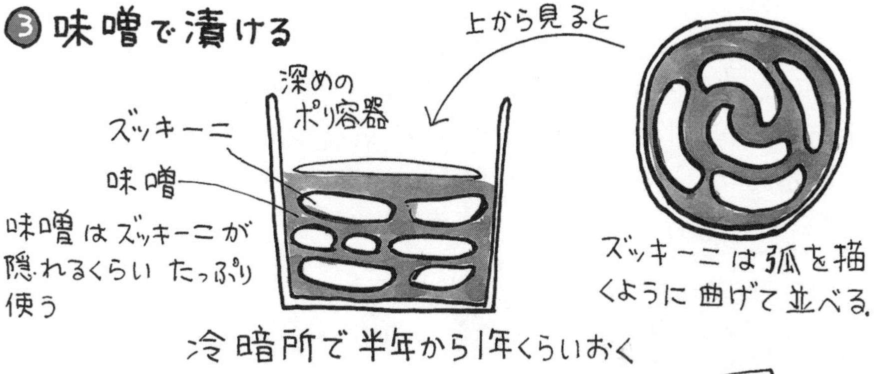
③味噌で漬ける
上から見ると
深めの
ポリ容器
ズッキーニ
味噌
味噌はズッキーニが
隠れるくらい たっぷり
使う
ズッキーニは弧を描
くように曲げて並べる。
冷暗所で半年から1年くらいおく

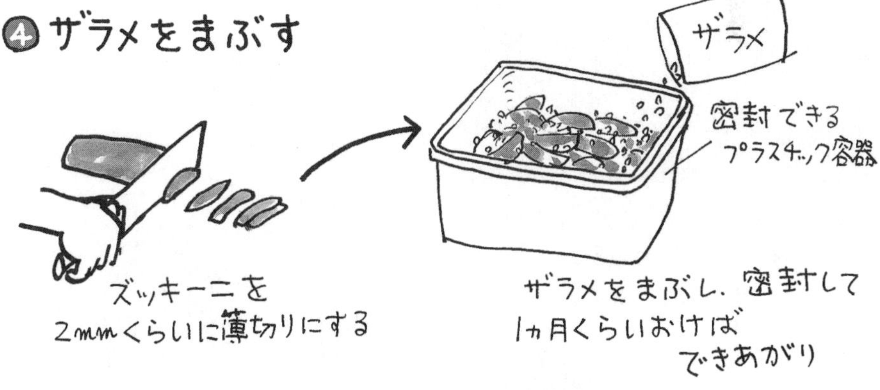
④ザラメをまぶす
ザラメ
密封できる
プラスチック容器
ズッキーニを
2mmくらいに薄切りにする
ザラメをまぶし、密封して
1ヵ月くらいおけば
できあがり

味噌は2〜3年ものを。
砂糖ではなく
ザラメを使ったほう
が、まろやかな
味に仕上がり
ます。
え・近藤 泉

早く漬かるセロリ漬け

家でセロリを作ると どんどん大きくなります。生でサラダにするとおいしいのですが、においが苦手な人でも食べられるように 味噌と甘酒の素で 漬けてみました。においがとてもマイルドになり、やわらかで繊維も気にならず、おいしく食べられます。

〈材 料〉

セロリ(茎のみ)	2本
ニンジン(小)	2本
味 噌	150g
甘酒の素	100〜150ml

市販の甘酒の素 または 酒粕100gとみりん80ccを合わせたものでもよい

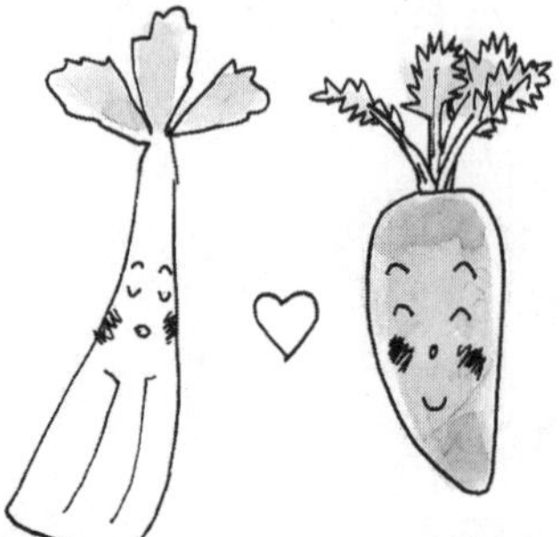

① 材料を切る。

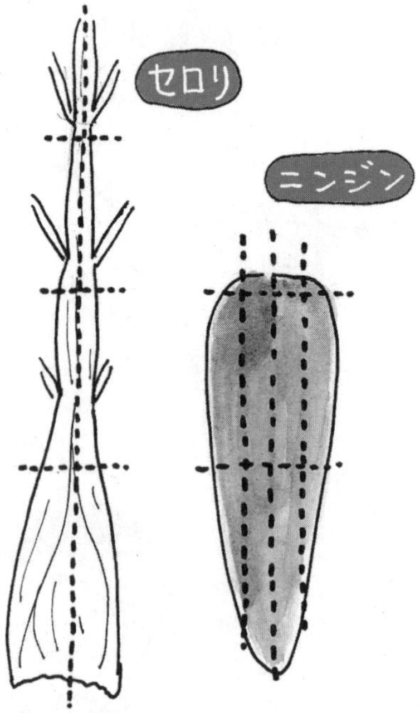

長さは 漬ける袋の大きさにあわせて 全部同じ厚さになるように切る。

滋賀県甲賀市　竹永幸子

② 味噌と甘酒の素をよくまぜる.

甘酒
の素

③ ②の漬け床を
密封できる袋に入れ
セロリとニンジンを漬ける.

24時間くらい漬けたら取り出して軽く水洗いし.
キッチンペーパーで水気をとって食べやすい大きさに切って
食べる.

漬け床は2回くらい漬けると水っぽくなってくるので. 鍋に入れて火にかけて水分を飛ばしたり. ザルで水気を切ってやれば また使えます.
好みでカレー粉やからしを加えてもおいしいですよ

渋柿の皮 クズ大豆で コクのある タクアン漬け

干し柿を作るときの皮、味噌を仕込むときに選り分けるクズ大豆など、捨てるのがもったいないのでタクアン漬けに使ってみたらびっくりするくらい味に深みがでました。息子や娘が大学で家を離れたとき、帰省してこの漬け物や私の料理を食べるのを心待ちにしてくれ、母親冥利につきる思いでした。

〈材　料〉

下漬け

ダイコン	40kg
塩	1.5kg

本漬け

クズ大豆	2.5升
ダイコンの葉（10日くらい干したもの）	15本分
渋柿の皮	100個分くらい
トウガラシ	15本
ダシ昆布（長さ10cm）	10枚
米ヌカ	6升
塩	700g
砂糖	600g

（米ヌカ・塩・砂糖は）混ぜておく

下漬け

ダイコンと塩を交互に重ね、できるだけ重い重石をのせて漬ける。

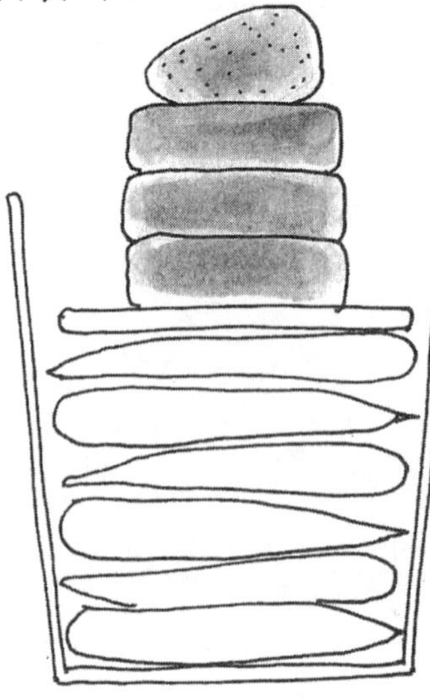

8日くらいたったら上がった水を捨て、ダイコンを取り出す。

和歌山県橋本市　芋生ヨシ子

本漬け

桶の底に、塩、砂糖と混ぜあわせた米ヌカを敷き、ダイコンをすき間なく並べる。米ヌカ、クズ大豆、昆布、トウガラシとダイコンを交互に重ねていき、最後に柿の皮、1番上にダイコンの葉をのせて重石をする。

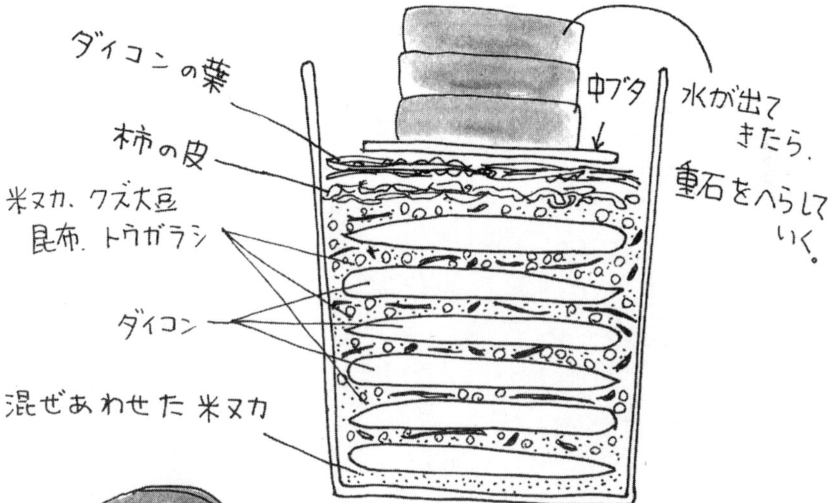
ダイコンの葉
柿の皮
米ヌカ、クズ大豆
昆布、トウガラシ
ダイコン
混ぜあわせた米ヌカ
中ブタ
水が出てきたら、重石をへらしていく。

2ヵ月くらいで漬け上がる

5ヵ月くらいたったタクアン漬けを水洗いして イチョウ切りにして炒め、しょうゆ、ダシの素、みりん、ショウガで水気がとぶまで煮て食べてもおいしいんですよ

ダイコンと大豆の香り

さわやかな柚子の香りのお漬け物。楽しみにしてくれる友人が多勢おりますので、毎年柚子が市場に出まわるころになると、何回も漬けます。野菜嫌いの若い人も喜んで食べてくれます。大豆、昆布、酢、はいずれも健康食品。1日1食はとりたいと思い考案しましたが、なによりたくさんの方に喜ばれるのが、今の私には生きがいになっています。

〈材料〉

ダイコン（太いもの）	5本（10～15kg）
大豆（できれば青大豆）	500g
柚子（色づいたもの）	1個
昆布	1枚
タカノツメ	10～15本
米酢	500cc ⓐ
砂糖	500g ⓐ

ダイコン 皮をむいて1～1.5mm厚さの輪切りにする

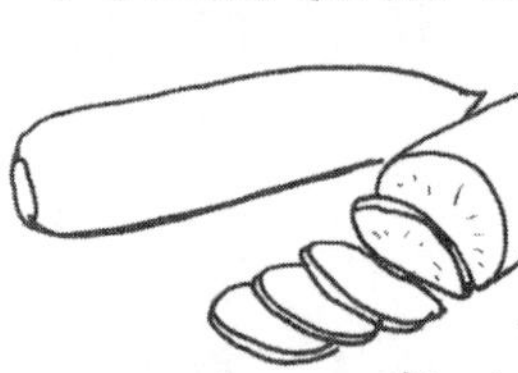

1.5～2%の塩で2日ほど下漬け

漬け

北海道旭川市 延命幸子

大豆
一晩水に浸しておいてから
青臭みがなくなるまで固めに
塩茹でする。
ザルにあげて大豆が
冷めるまで水にさらす。
柚子
皮を千切りに
昆布
細切りに
タカノツメ
A の酢と
砂糖を煮たて
冷ましたものを
最後に上から
かける。
ザルにあげて
〜2時間
っかり水を切る
ダイコン、大豆、
昆布、タカノツメ、
柚子の皮を交互に
重ねる。
漬け物用のビニール
軽い重石をして 3〜4日でできあがり。
昆布のダシが出て、大豆に味がしみこむ。

ダイコンのカラシ巻き

ダイコンのカラシ巻き漬けは、新潟の長い冬が明け、ぽかぽかとした春の日差しを感じる季節に作る漬け物です。雪の下で冬越しして甘くなったダイコンを干してから漬けるため、日向の香りとほのかなカラシの風味が絶妙な味わいとなります。

冬の天気がいい地域では、秋から冬にとれるダイコンでもできると思います。

〈材　料〉

ダイコン……大1本
ねりカラシ……適量
しょう油……適量
酒……少量

① ダイコンを洗って皮をむき、厚さ2mmの輪切りにする。

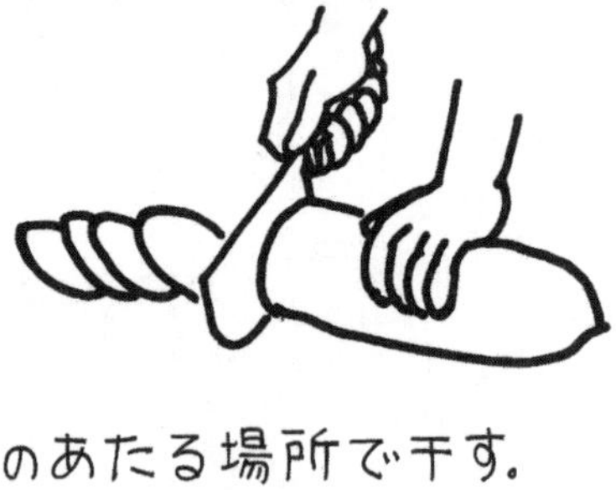

② よく日のあたる場所で干す。

よく晴れた日なら1日、
少し雲がある日なら1日半くらい。
ややベージュ色っぽくなり、表面がカサカサしてきたら
干しあがりです。

漬け

新潟県聖籠町　近藤トイ
（紹介者）　近藤澄江

③干しあがったダイコンをサッと洗い、搾って水気を切る。

④ダイコンを2枚ずつ重ねて広げ、手前に少しねりカラシを置いて2回転巻く。

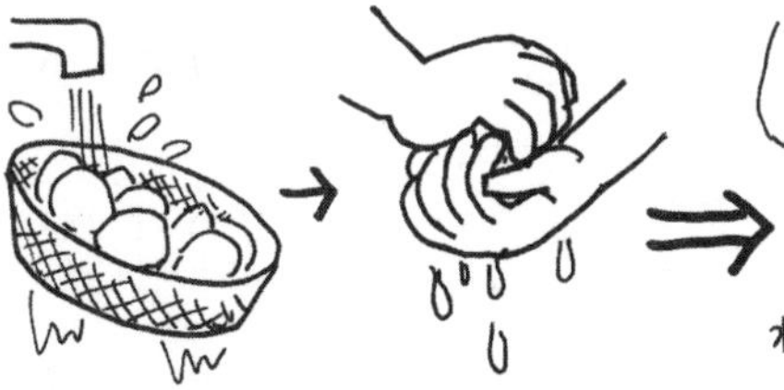

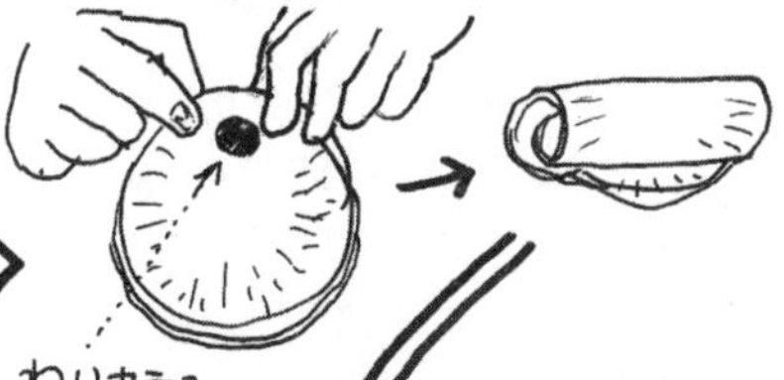
ねりカラシ

⑤巻いたダイコンをフタ付きのプラスチック容器に、端からすき間なく並べる。

⑥ダイコンの量の八分目くらいのところまで、しょう油と少しの酒を入れ、フタをして冷蔵庫に入れる。

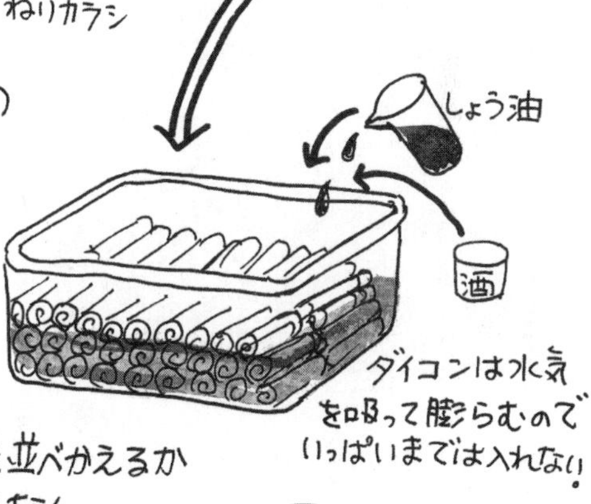
しょう油
酒
ダイコンは水気を吸って膨らむのでいっぱいまでは入れない！

2時間くらいしたら、上下のダイコンを並べかえるか容器をひっくり返し、ダイコンがまんべんなく漬かるようにする。翌日から食べられる。

噛みしめるたびに口の中いっぱいにおいしさが広がる。毎年楽しみなおばあちゃんの漬け物です。
え 近藤泉

ダイコンの牛乳漬け

私はべったら漬けが大好きです。でも、近所ではこうじが手に入りにくく、なかなかつくれません。そこで考えたのがこの牛乳漬けです。こうじなしでもべったら漬け風味の甘い漬け物が手軽にできます。私は甘党なのでこの分量ですが、好みに合わせて砂糖の量を調整してください。

〈材 料〉

ダイコン……3kg

漬け汁
- 牛乳……200ml
- 食酢……200ml
- 砂糖……700g
- 塩……120g

カボス、ユズでさっぱり味にしてもいいですよ

・食酢の半量をカボス酢にする

・ユズの皮を軽く1握り加える

① 材料を切る

皮をむいて半割りにする

② 漬け汁をつくる

漬け汁の材料をよく混ぜる

大分県国東市 ● 小出博美

③ 漬ける
漬け汁
ダイコン
厚手のビニール袋を三重にする
空気を抜いてしっかりしばる
袋のまま冷蔵庫に入れ、1日1回上下をひっくり返す。6日ほどで完成。
牛乳1本で手軽にできます
牛乳
べったら漬け風味

ダイコンのころころ漬け

七山村は 人口2,746人の小さな村です。私は農業をやりながら、梅干し、ラッキョウ漬け、千枚漬け、からぐろ漬け（ズイキの漬け物）などをつくり、娘の勤めている直売所「鳴神の庄」や、最近オープンした温泉「ななのゆ」に出させてもらっております。
ダイコンのころころ漬けは「何かダイコンをしょうゆに漬け込んだ食べ方はないかなぁ」と思っていたときに、ハリハリ漬けを見て思いついた漬け物です。
天気のいい日を見計らって、だいたい1日でつくってしまいます。

ダイコン 5kg

① ダイコンを1〜1.5cmくらいの四角に切る。

② バラ（竹の平カゴ）などに広げて干す。

風があって天気のいい日なら、朝干し始めて夕方には干し上がりです。

③ 味をしみこみやすくするため、途中で（昼ごろ）軽くもみ、やわらかくする。

佐賀県七山村　稗《ひえ》田《だ》恵子

ニンジン　200g　野菜昆布　25g
ショウガ　100g　（煮付け用のやわらかい昆布）

白砂糖　500g
しょうゆ　700cc
酢　350cc

それぞれを千切りにする。
昆布は水にふやかしておいてから切る。

ニンジン
ショウガ
昆布

調味液は いったん
沸騰させ、冷ましておく。

さとう
酢
しょうゆ

❹ ダイコンが干し上がったら
全部入れて漬け込む。
2日くらいで おいしく
なります。
冷蔵庫に入れておくと
1ヵ月くらいはもちます。

ころころに切ることで
干し上がりが早くなるし
おはしでもつまみやすいんです

ダイコンのサワー漬け

暖かい土地なので 冬はわざと野菜を露地に残し、霜にあてるようにしています。こうすると うま味が増すといわれています。

とれた野菜は 竜田川沿いの直売所へ。いつでもとれたてを出せるように、ダイコンは播く時期をずらし、必要なときに畑からとってきます。

❶ 洗って皮をむいたダイコンを、容器にあわせた長さに切り、四ッ割りかニッ割り

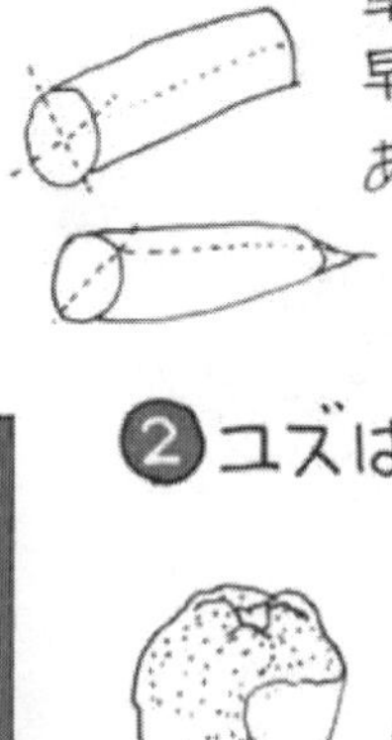
早く食べる分は
早く漬かるよう四ッ割り
あとから食べる分は
ニッ割り

〈材 料〉

ダイコン（皮をむいて）		1kg
ユズ		1コ分
だし昆布		1枚
A	リンゴ酢	60cc
	焼酎（25度）	60cc
	塩	20〜25g
	砂糖	100g

❷ ユズは皮をそいで千切りにする。

❸ 昆布ははさみで細く切る。

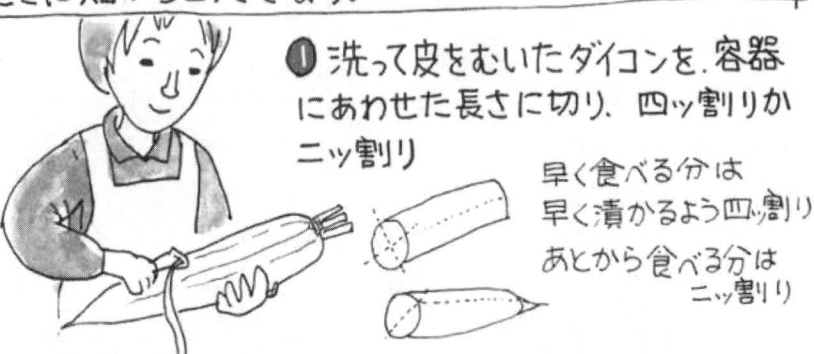

奈良県斑鳩町　森田正子

リンゴ酢
焼酎
塩
砂糖
ユズ
昆布
④Aの材料と②③のユズと昆布をまぜる.
好みで赤トウガラシをいれる
穀物酢ではなくリンゴ酢を使うのが我家のコツです.
⑤容器にダイコンを並べ④をまわしかけて重石をする.
7日ぐらいしたら漬かった分から出し、昆布もいっしょに食べる。
ツーンとした匂いがないので子どもたちも喜びます
うちではシソジュースもリンゴ酢でつくるんですよ.
(え) 近藤 泉

ダイコンのしょうゆ漬け

ダイコンが たくさんとれたときは、ヌカ漬けにすることが多いのですが、そればかりでも あきてしまいます。
そんなときにつくると「目先が変わった感じでおいしい」と喜ばれるのが このしょうゆ漬け。ご近所にも好評です。

① ダイコンは皮をむいて 1本を半分の長さに切ってから四ッ割りにする。

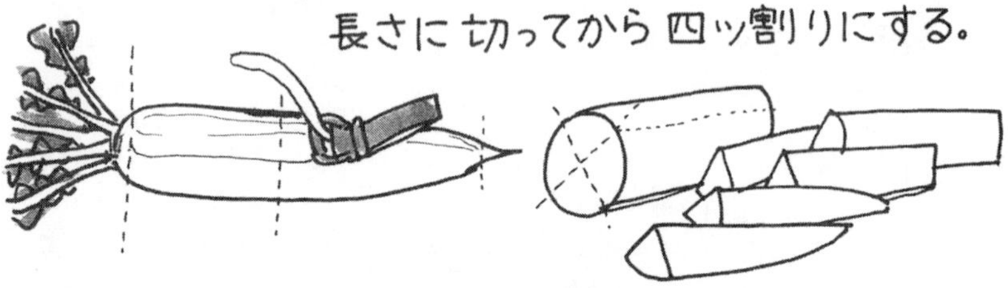

〈材 料〉

ダイコン ………… 5kg

A
- しょうゆ ………… 1ℓ
- みりん ……少々(100cc程)
- 酢 ………… 1合
- 酒 ………… 1合
- 砂糖 … 500~700g
- だし昆布 …(10cm×10cm) 2枚
- トウガラシ …… 2、3本

② Aの材料を全部鍋に入れて煮立てる.

神奈川県伊勢原市 ● 大谷喜美江

❸ ❷の汁が人肌くらいに冷めたら
❶のダイコンを入れる。

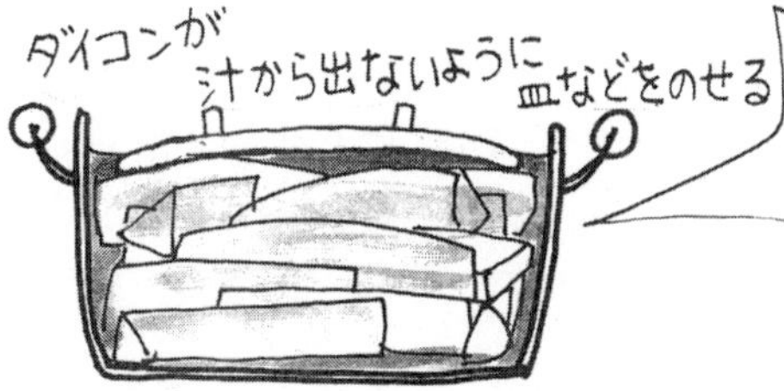
ダイコンが
汁から出ないように皿などをのせる

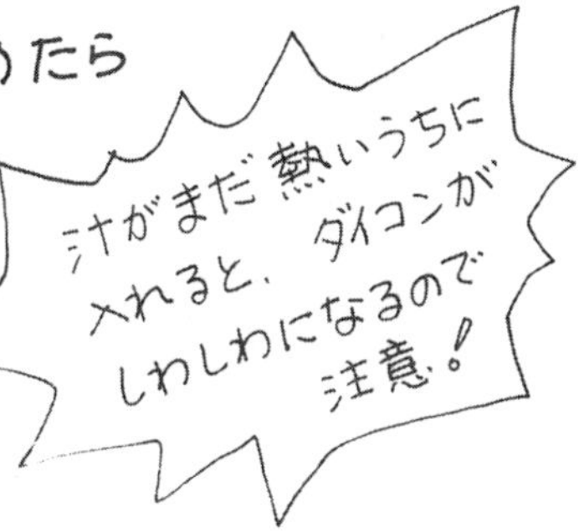
汁がまだ熱いうちに
入れると、ダイコンが
しわしわになるので
注意！

❹ 次の朝ダイコンだけをとり出し、
汁を再び煮立てる。

ダイコンから出た
水分で、汁がうすく
なっているので煮詰める。

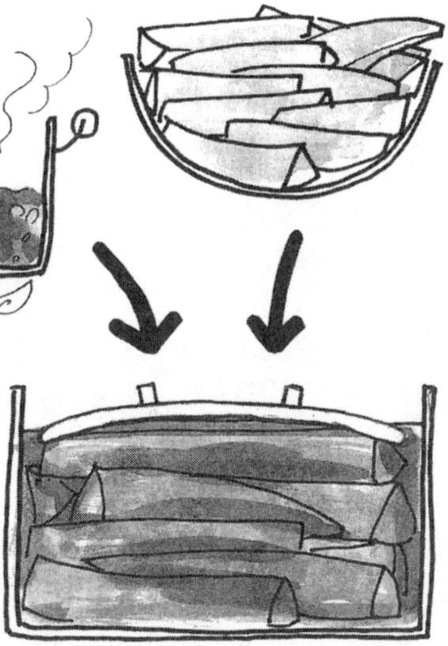

❺ ❹の汁をまた人肌まで
冷ました中にダイコンを入れる。
ダイコンの芯まで色がついたら
食べごろです。

❹❺をもう一度くり返すと
冬期では40日くらいもち
ます。

え．近藤 泉

たくあんと切り干しダイコンの

前の年の11月初めに収穫したダイコンは、1/3 をたくあんに漬け、残りは土の中にいけたり、洗って乾かし、1本ずつ新聞紙に包んで家の中に保存し、冬中食べます。

2月末から3月初めにかけて、残っているたくあんと、保存しておいたダイコンで作った切り干しとでハリハリ漬を作ります。

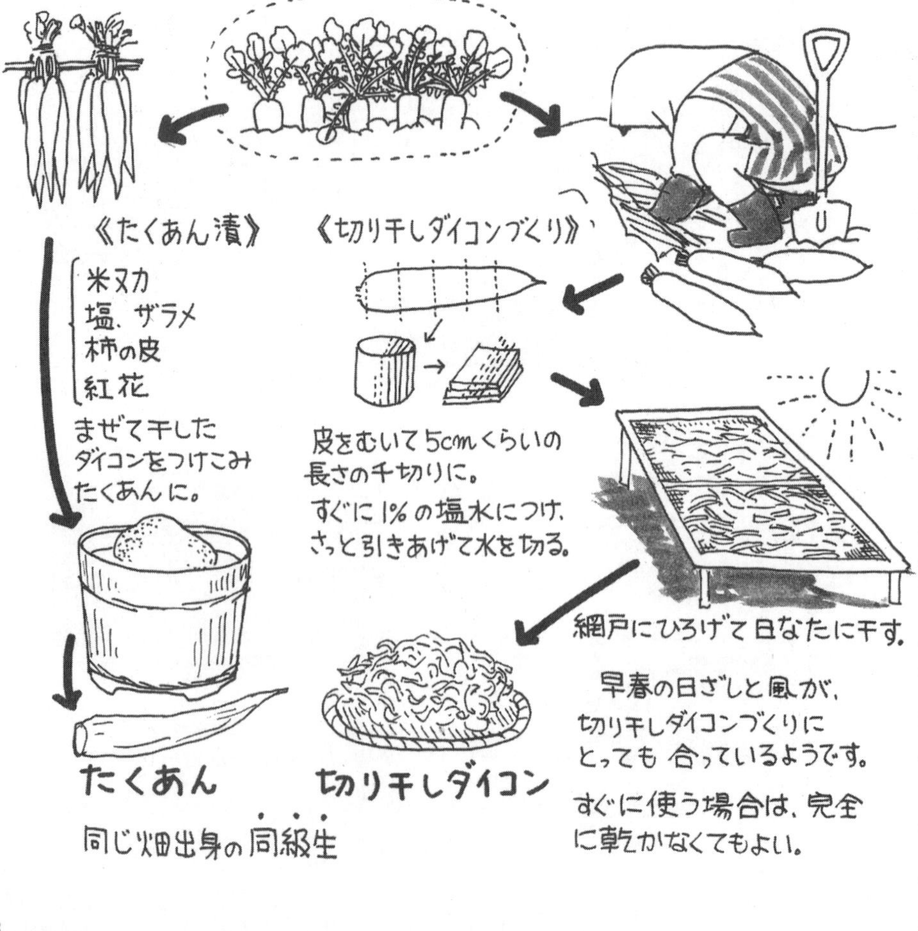
《たくあん漬》
米ヌカ
塩、ザラメ
柿の皮
紅花
まぜて干したダイコンをつけこみたくあんに。
たくあん
同じ畑出身の同級生
《切り干しダイコンづくり》
皮をむいて5cmくらいの長さの千切りに。
すぐに1%の塩水につけ、さっと引きあげて水を切る。
網戸にひろげて日なたに干す。
切り干しダイコン
早春の日ざしと風が、切り干しダイコンづくりにとっても合っているようです。
すぐに使う場合は、完全に乾かなくてもよい。

同級会漬け《ハリハリ》

岩手県大東町　鈴木明美

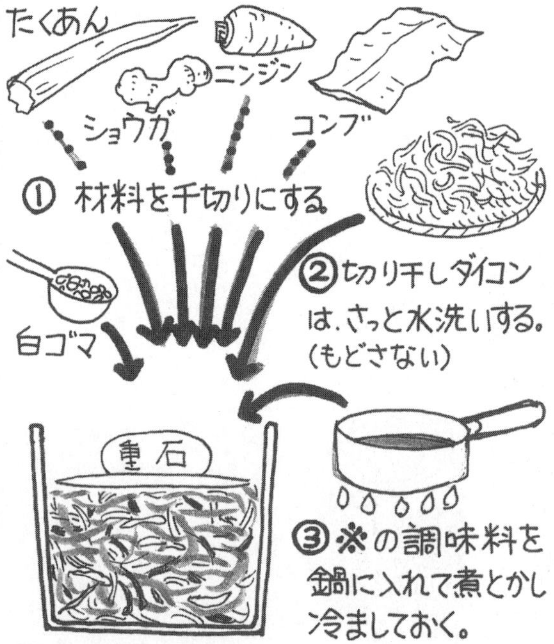

① 材料を千切りにする。

② 切り干しダイコンは、さっと水洗いする。（もどさない）

③ ※の調味料を鍋に入れて煮とかし冷ましておく。

④ 全部を混ぜ合わせ軽く重石をする。翌日から食べられる。

〈材料〉

たくあん（中ぐらいのもの）	1本
切り干しダイコン	約200g
ニンジン	1本
コンブ	20cmくらい
生ショウガ	1片
白ゴマ	50g
※ 酢	1/4カップ
※ しょう油	1カップ
※ さとう	1カップ
※ みりん	1/2カップ
※ 酒	1/2カップ

ニンジン、コンブが入っていて彩りもよく、たくあんの臭いも気にならないので、お弁当に入れても、お酒のおつまみにも喜ばれています。

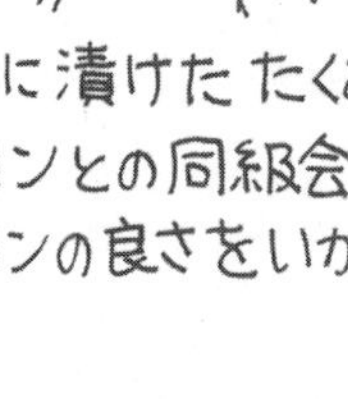

11月に漬けたたくあんと、保存してあったダイコンとの同級会のような気がして、ダイコンの良さをいかした漬物だと思います。

ナガイモのタクアン

わが家では ナガイモを自家用に栽培していますが大きくならずに細くて長く、折れてしまうものが結構あります。みすみす捨てるのももったいないと思っていたところ、主人が「ダイコンと"むかご"を一緒に漬けているのを 雑誌で見たことがある」と言いました。

そこで タクアンを漬けるときに 試しに細いナガイモを 隙間にはさんで漬けてみると、これが 村の集会でも 意外と好評だったのです。

①ナガイモを洗う。

〈材料〉	
干しダイコン	10kg
ナガイモ（細いもの）	隙間を埋めるくらい
漬け床 塩	500g
漬け床 ザラメ砂糖	1.5kg
漬け床 米ヌカ	1kg
漬け床 酢	3合

わが家の漬け床はやや甘め。好みにあわせて調整してください。

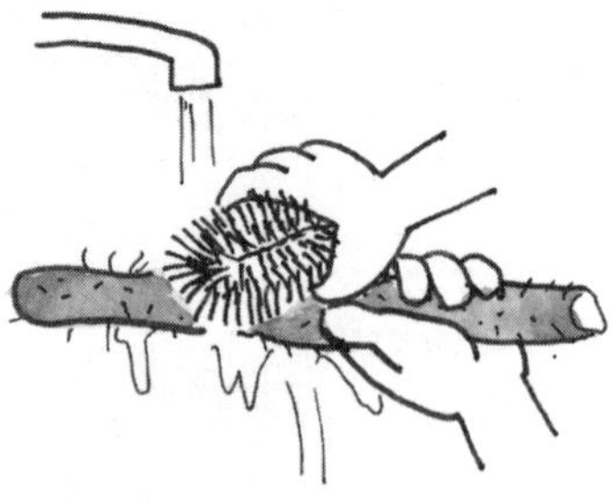

皮はむかず、タワシで水洗いして泥を落とす。

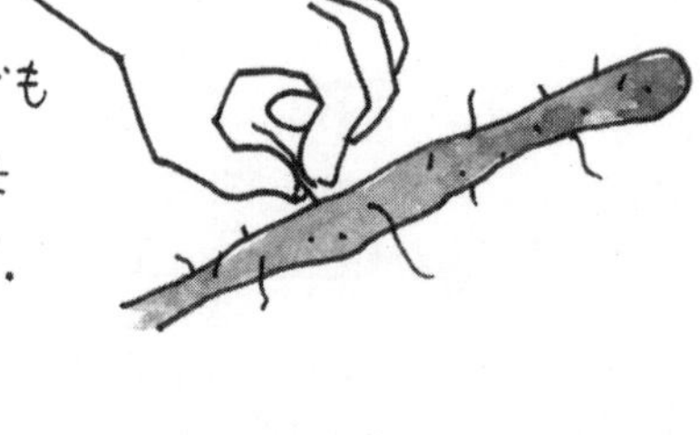

ヒゲ根はそのままでもいいが、取り除いた方が見た目はキレイ。

同居漬け

新潟県新潟市 熊谷ユキ子

② 漬け床をつくる。

まず塩、砂糖、米ヌカを
よく混ぜ、あとから
酢を加えて さらによく混ぜる。

米ヌカ
砂糖
塩
酢

③ ダイコンとナガイモを漬ける。

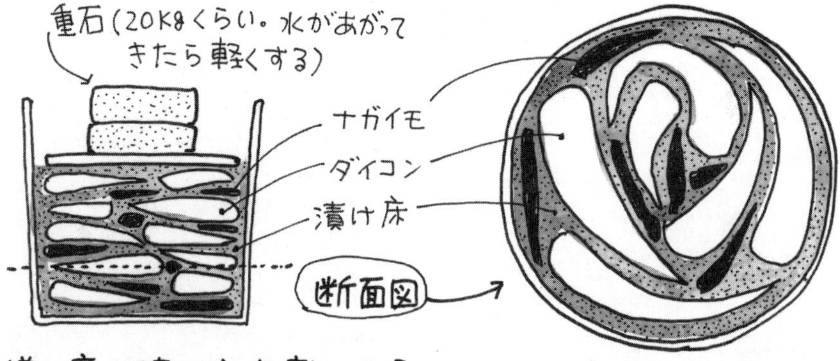
重石(20kgくらい。水があがってきたら軽くする)
ナガイモ
ダイコン
漬け床
断面図

樽の底に漬け床を敷いたら
ダイコンを並べ、隙間にナガイモ
をはさんで また漬け床を敷い
て…の繰り返し。
1ヵ月くらい経つと、ダイコンも
ナガイモも食べ頃になる。

味はタクアンとそっくり
なのに歯ざわりは
シャキ シャキ
みんなに驚かれました。

え・近藤泉

ワサビダイコン

いろいろな野菜をつくり、直売所で売っています。ただ、ダイコンはつくる人が多いので、ほとんど漬け物と切り干しにして売ります。

つくるのは浅漬けやタクアンなど手間のかからないものばかり。なかでもワサビダイコンは、簡単ですが甘ずっぱい味にピリッとした辛みがきいて、おつまみやハシ休めにもってこいです。

〈材料〉

ダイコン……2kg
塩……200g
砂糖……200g
酢……180cc
粉ワサビ……少々
食紅(緑)……少々

❶ ダイコンを塩漬けする。

ダイコンは
厚さ2mmくらいの
イチョウ切りにする

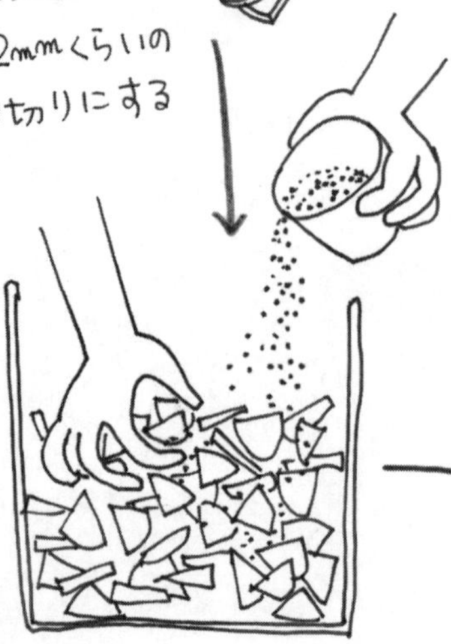

漬物用のタルの中で塩と混ぜ、
ダイコンの半分くらいの重さの
重石を載せて一晩漬ける。

神奈川県伊勢原市　吉川《きっかわ》智枝子

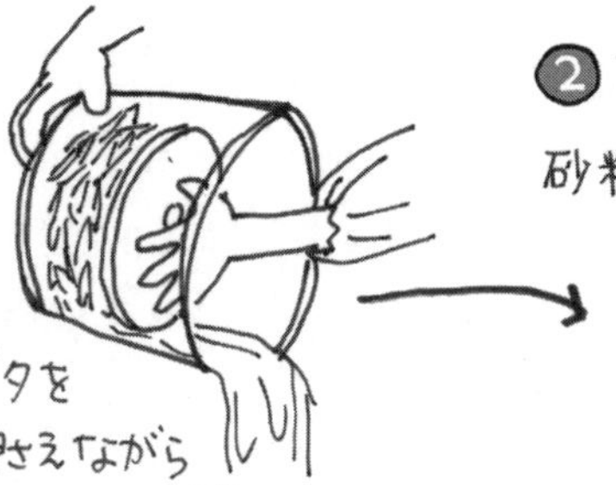

押しブタを
手で押さえながら
上がってきた水を捨てる.

❷ 砂糖と酢で味付けする.

砂糖
酢.
食紅を加えて
よく混ぜる.

この状態で一週間はもつ

❸ ワサビを加える

粉ワサビを
練りワサビより少しゆるいくらいに
なるように水に溶き.

食べる少し前に
ダイコンと混ぜる.

あまり時間を
おくと、辛みが
飛んでしまうので
注意.

梅酢漬けダイズ

老人クラブの会合で「ダイズを酢に漬けて毎日4~5個ずつ食べると血圧が上がらない」と聞き、ちょうど残ってもったいないと思っていた梅酢とシソを使って作ってみました。
塩分も酸っぱさも思ったほどでなく、シャキシャキと歯ざわりもよくて食べやすいです。
私の町は八女茶発祥の地で、おいしくて上等なお茶がたくさんとれます。このお茶を飲みながらだと、何個でも食べられます。おかげで家族に血圧の高い者はおりません。

〈材 料〉
ダイズ……2~3合
梅酢……適量
(シソ入り)

❶ 生のダイズを水洗いして、水気を切る。

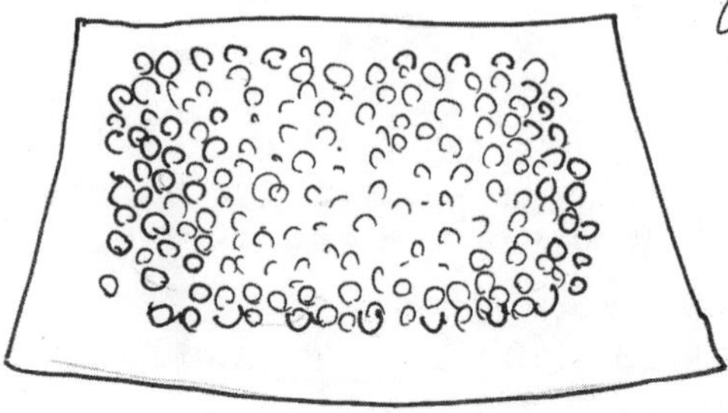

ザッと水洗いしたら半日くらい日陰干しにしてよく水気を切る。

福岡県黒木町 ● 野中シヅ子

② 梅酢に漬ける
広口ビンにダイズを入れ、完全に浸るくらいの梅酢を注ぐ。
ダイズが顔を出さないように、表面はなるべくシソで覆うようにして漬ける。
シソ
1ヵ月もすると 梅酢を吸ったダイズが2倍くらいに膨らみ、きれいなピンク色に染まる。
漬かったダイズを取り出したら、また新しいダイズを入れて、繰り返し漬けながら食べています。ご飯のおかずにもいいですし、お弁当に入れてもきれいです。孫たちも喜んで食べてくれます。
え・近藤泉

大豆と切り昆布の酢じょうゆ漬け

大豆の加工というと、納豆や豆腐など、イメージが限られてしまいます。何か変わった料理がないかと考えていたときに、雑誌をヒントに、自分なりに研究して、この漬け物を考えました。わが家の観光リンゴ園で販売しておりますが、意外なほど人気を呼んでいます。ビールのおつまみ、箸休め、ごはんのおかずと何にでも。一度食べ始めると止まらなくてついつい、また一粒……。

〈材料〉

	大豆	5kg
調味液	しょうゆ	12カップ
	酢	7カップ
	砂糖	1.5kg
	切り昆布	150g
	トウガラシ	少々
	ダイズのもどし汁	5カップ

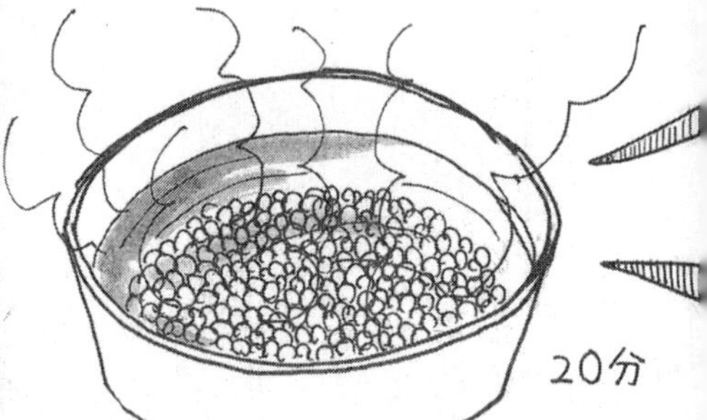
20分

① 洗った大豆を熱湯に20分間漬ける。煮豆ほどはやわらかくなく、ふつうの煎り豆よりはしっとりとした独特の食感に仕上がる。

え・近藤 泉

しっとりとしているのに
口に入れると煎り豆の
香ばしい香りがして
とてもおいしいですよ!!

群馬県新治村 ● 原沢昭子

少しずつ
やるのがコツ

② ザルにあげた大豆を
フライパンで焦がさない
ように煎る。かんでみて
生ぐささみを感じなくなるまで。

③調味料をあわせて
②の大豆を漬け込む。

しょうゆ
酢
砂糖
切り昆布
ダイズのもどし汁
味がまろやかになる
輪切りにした
トウガラシ

④ 大豆が漬け汁を吸うので汁気がだんだん減ってくる。
1日1回くらい天地返しをしてやると味がまんべんなくなじむ。
1週間で食べられる。
冷蔵庫で保存すると数ヵ月もちます。

タカナのみそ漬け

タカナは九州ではよくつくられています。9〜10月にタネをまき、苗をつくって移植します。それを3〜4月にとり、漬け物にします。みそ漬けは姑さんから習いました。家では主人が「こりゃうまか」と言ったら、孫娘が「うん、こりゃうまか。ご飯泥棒（ご飯がよくすすむこと）ばい」と言って食べています。近所の方に差し上げたら、うまかった、珍しかったと言われました。おにぎりの具として、少し入れてもおいしいです。

下漬け

❶ 収穫したタカナを、半日くらい干してしんなりさせてから、1〜1.5割の塩で漬ける。

重石はたくさん。
3、4日で水が上がるくらいの重さが目安

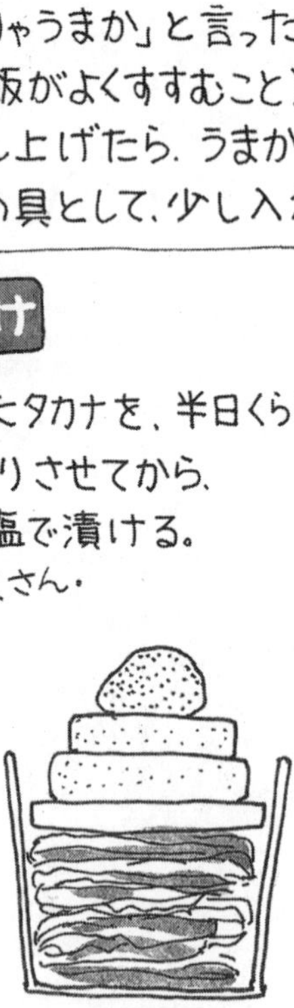

❷ 4、5日したら上下を返し、そのままそのままおく。（重石は同じか少しへらしてもいい）

ここまでで、ふつうのタカナ漬けとして食べられます。

本漬け

……梅雨があけたら……

❶ 下漬けしたタカナを半日水にさらす。

❷ よく洗い、半日くらい干して水気を切る。

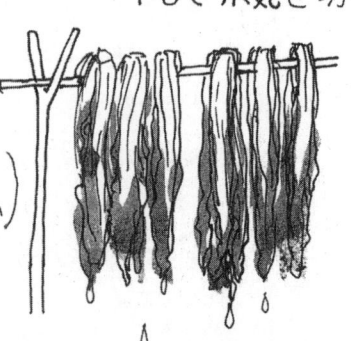

長崎県佐世保市 宮崎トミ

❸ 1回で食べるのにちょうどいい量にタカナを割り、葉を1枚むしる。
タカナを3ッ折りにして、むしった葉で束ねる。

〈材料〉

下漬けしたタカナ	5kg
みそ	5kg
砂糖(キザラ)	1〜1.5kg

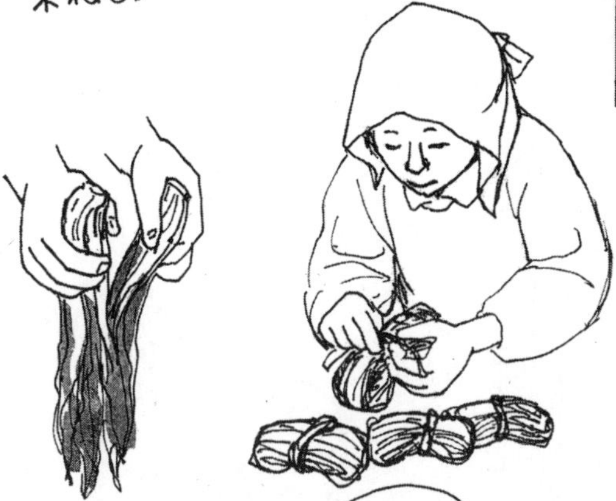

❹ 薄く広げたみそ、砂糖、タカナ、砂糖、みその順に、繰り返して漬ける。

新しいみそなら3ヵ月、古いみそなら1ヵ月半くらいで食べられます。

食べるときは、とり出してから洗って小さく刻み、軽くしぼって食卓に出します。

タケノコの甘酢漬け

数年前に病で体調を崩してしまった夫と、二人三脚で暮らしております。2年前に村に道の駅ができ、山歩きの好きな夫がとってきた山菜や、生のタケノコ、タケノコの水煮を出すようになりました。昨年、姉にタケノコの漬け物はどうかといわれ、健康には減塩だな、酢はどうかな、と工夫してできたのがこの漬け物です。
商品名は「竹ちゃん漬け」、好評です。

〈材 料〉

タケノコ……………5kg

Ⓐ
- 砂糖……………500g
- 濃縮5倍酢……3/4カップ
  (ふつうの酢を使うときは少し多めにする)
- 焼酎……………1/4カップ
- 塩………………160g

トウガラシ……大5個くらい

❶ Ⓐの材料で調味液をつくる

10分ほど煮たて
よく冷ましておく

2人で
二人三脚です

岩手県川崎村　伊藤ナツ子

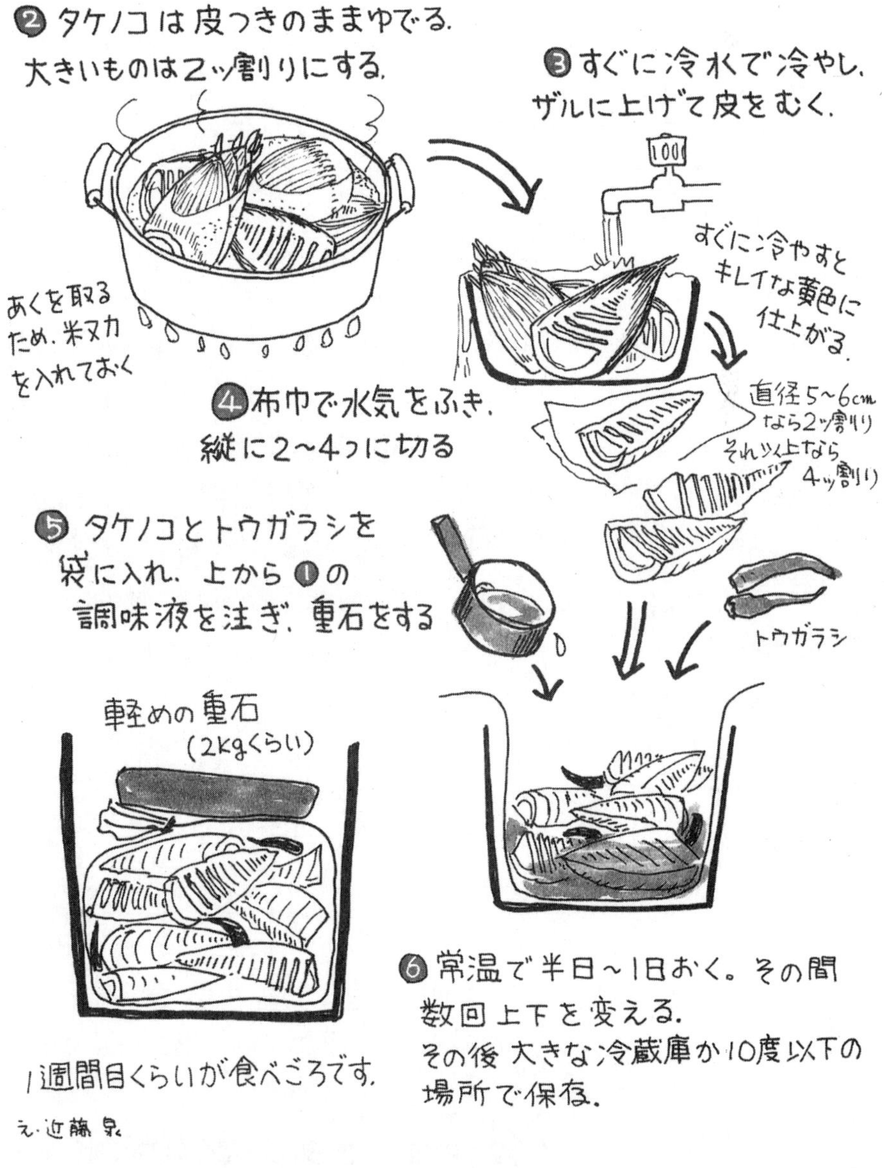
❷タケノコは皮つきのままゆでる.
大きいものは2ッ割りにする.
あくを取るため、米ヌカを入れておく
❸すぐに冷水で冷やし、ザルに上げて皮をむく.
すぐに冷やすとキレイな黄色に仕上がる.
❹布巾で水気をふき、縦に2～4つに切る
直径5～6cmなら2ッ割り それ以上なら4ッ割り
❺タケノコとトウガラシを袋に入れ、上から❶の調味液を注ぎ、重石をする
トウガラシ
軽めの重石 (2kgくらい)
❻常温で半日～1日おく。その間数回上下を変える。
その後大きな冷蔵庫か10度以下の場所で保存.
1週間目くらいが食べごろです.
え・近藤泉

タケノコの粕漬け

近所の友人3～4人で会食中、「この町でとれる食材を使って おいしい 酒のつまみをつくろう」という話になり、食品加工研究会を結成しました。
動機は決して胸を張れるものではなかったですが、会員が増えると共にメニューも増加。 最近つくって好評だったのが、このタケノコの粕漬けです。

① タケノコを塩漬けする。

<材 料>	
タケノコ	4kg
塩	約1kg
酒粕	5kg
砂糖	1.5kg

タケノコは皮をむき先の軟らかい部分と、根元の硬い部分は除いて中間部分を使う

長さ10cm
厚み2cmくらいになるように縦に切る

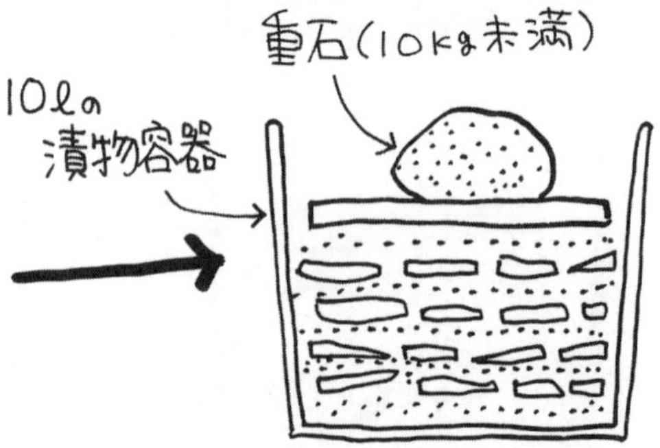

容器の底に塩を敷き、タケノコを並べ、塩、タケノコの順に繰り返して並べる。 塩はまんべんなくふりかかるようやや多めでもいい。
約2ヵ月で水があがってくればOK

広島県庄原市　入江一好

② 塩抜き
水から取り出したら
半日 陰干しする。
塩漬けしたタケノコを
水洗いして 約1時間 水に漬ける。
③ 本漬け
フタをする
砂糖
酒粕と砂糖
をよく混ぜ合わせて
漬け床をつくる。
酒粕
漬け床、タケノコの順に
漬け込む。空気が入らないように押さえ込
むように並べていくのがコツ。
約3ヵ月で
できあがり
けっこう甘いですが
酒のつまみにはピッタリです
え・近藤泉

タケノコのキムチ漬け

各務原市はキムチでまちおこしをしています。
その中で「ハクサイキムチだけがキムチではない」と思い、いろいろな食材をキムチにする方法を考えました。
タケノコもそのひとつです。作ったタケノコキムチは、スーパーで販売しています。

〈材料〉

キムチペーストの材料
- ※キムチの素・・・500g
- ダイコン・・・・1/4本
- ニンジン・・・・150g
- ニラ・・・・・・半束
- 細ネギ・・・・・半束
- セリ・・・・・・半束
- 松の実・・・・・25g
- 柿か干し柿（季節の果物でもよい）・・・1個
- イワシの粉・・・・15g
- 干しアミエビ・・・・10g

- タケノコ・・・・・3kg
- 塩・・・・・・・90g

❶ タケノコを塩漬けする。

アクを抜きしたタケノコを塩とよく混ぜる。

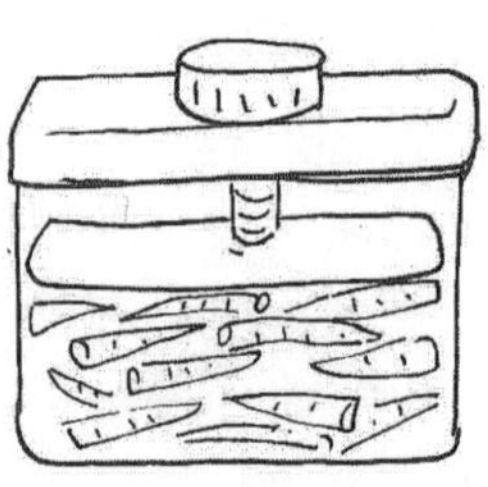

漬け物器で水が上がってくるまで漬ける。

※ うちでは自家製の「各務原キムチの素」（韓国産トウガラシ ニンニク、イカの塩辛、桃、リンゴ、ショウガなど10種の材料を混ぜたもの）を使っています。市販もしています。

岐阜県各務原市 安積 保

② キムチペーストの材料を よく混ぜる。
キムチの素
ダイコン
ニンジン
柿
4cmくらいの千切りに
ニラ
セリ
細ネギ
4cmくらいに切る.
イワシ粉
干しアミエビ
③タケノコの水分をとばす
バーナーで 半分くらい焦げ目がつくまで あぶるか
少し天日干しする.
1番食感がよく、味もおいしく漬かる タケノコは ハチクなのですが、量が少ないので、うちでは 姫竹を使っています
ハチクの場合は 薄く切って 使います
④ タケノコとキムチペーストを混ぜる.
よく混ぜたら すぐ食べられるが
ビニール袋に入れて なじませて
から食べると さらにおいしい.
え・近藤泉

タマネギの粕漬け

漬け物づくりが大好きで、いろいろつくっています。その中でとくに好評なのがこのタマネギの粕漬け。これをつくるのは私にとっては年中行事のひとつで、毎年100kgものタマネギを漬けて、親戚に送っています。以前、重石をのせるのを手伝ってくれていた主人が亡くなり、息子にはもう年なんだからやめたほうがいいと言われるのですが、「うわぁ嬉しい、おばあちゃん、今年もありがとう」と言ってくれる姪や孫の顔を思うと、なかなかやめられません。

❶ タマネギは皮をむき、根と上を切ってタテ半分にする。(バラバラにならないように気をつける)

❷ タマネギを手に取り、切り口に塩を山盛りにのせて、切り口を上にむけて容器に並べる。

タマネギと同じ重さぐらいの重石をする。
面倒でも1つ1つ手にとって塩をのせることと、しっかり重石をすることが、シャキシャキと仕上げるポイントです

❸ 1週間漬けたら水を捨てて、今度は切り口を下にして並べ、❷の半分くらいの重石をして一晩漬ける。

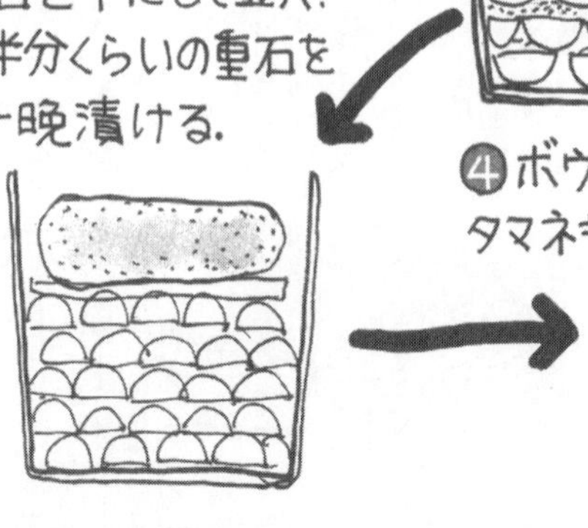

❹ ボウルにⒶを入れ、タマネギをくぐらせて殺菌する。

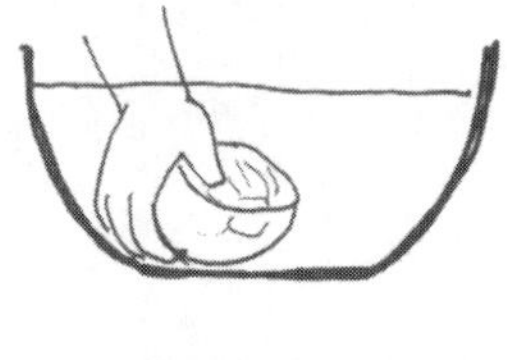

鳥取県米子市 木村せつ子

❺ Ⓑをあわせてよく混ぜ漬粕をつくる。

みりん
焼酎
さとう

❻ タマネギと粕を交互に重ねて桶に入れる。

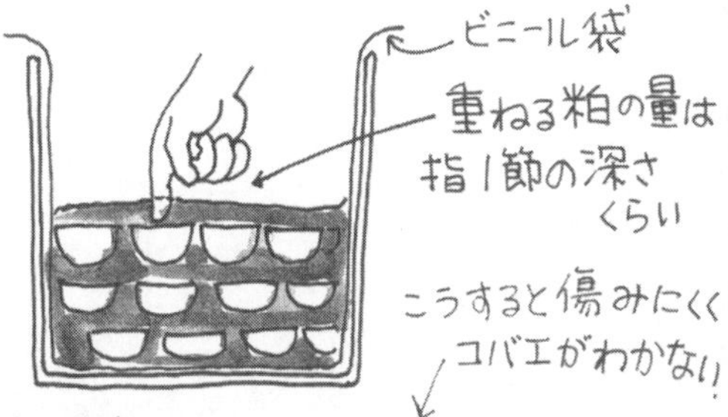
ビニール袋
重ねる粕の量は指1節の深さくらい
こうすると傷みにくくコバエがわかない!

❼ 空気をぬいて袋の口をしばり、新聞紙でフタをしてひもでとめる。

半年ぐらいで食べられる。

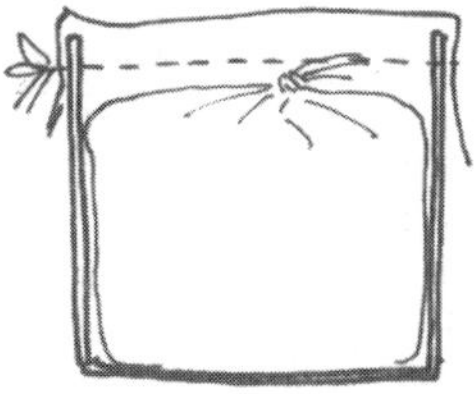

フタに日付と中味を書いておくといい。

〈材料〉

タマネギ　2kgくらい
塩
Ⓐ焼酎、みりん 同量ずつ
Ⓑ(漬粕)
酒粕4kgに対して
砂糖　1.5kg
焼酎　0.5合
みりん　0.5合

私は1度に大量のタマネギを漬けるのではっきりした量がわかりません。みなさんで調節してください。

塩漬けの仕方を少し変えると、他の野菜やワカメの茎も同じように漬けられます。

タマネギのカレーピクルス

タマネギは薄く切って1晩水に漬けておくことで、シャキシャキ感が残り、歯ざわりがよくなります。
カレー風味のピクルスはタマネギの臭みが消えて、黄金色の美しさが食欲をそそります。

① タマネギを薄くくし形に切る。

② 塩水をつくり、薄切りしたタマネギを1晩漬けておく。

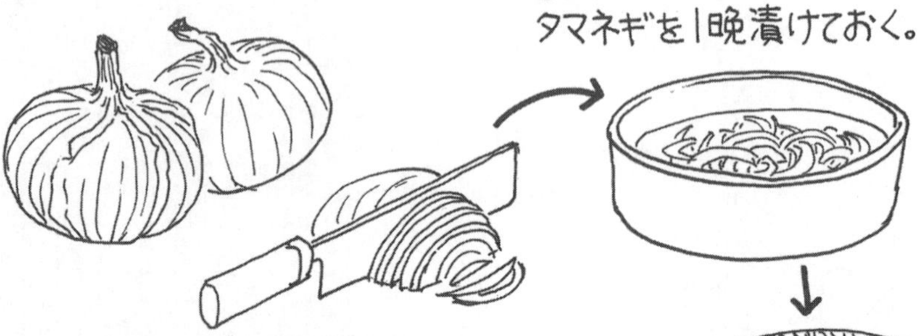

③ 翌日ザルにあげて手でしぼる。

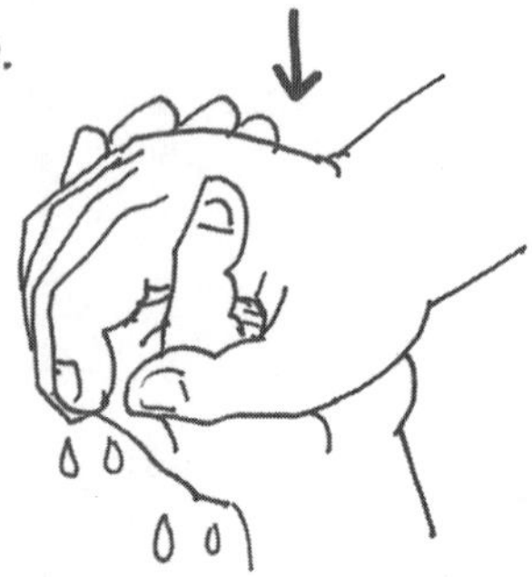

〈材料〉
- タマネギ……1kg
- 塩水
  - 塩……130～150g
  - 水……4カップ
- 調味液
  - 酢……2カップ
  - 白砂糖……$2\frac{1}{2}$カップ
  - カレー粉……大さじ1

以上はすべてタマネギ1kgに対しての分量

香川県　十《そ》川《がわ》時子

カレー粉
さとう
しぼったタマネギ
酢
❹調味液の材料をホーロー鍋に入れ、ひと煮立ちさせ、火を止めて冷ます。
❺しぼったタマネギをビンにつめ、調味液を上から注ぎ入れる。
❻漬けこんで1週間ぐらいしてから食べ始める。
福神漬けもいいけどこれもよさそうね
シャキシャキしておいしいね
ビールのつまみやカレーのつけあわせに人気です。

タマネギのシソ漬け

有機栽培でつくったタマネギの中から小さいものを選んで漬け込みます。シソの葉を加えるので色合いもよく、タマネギのパリパリとした食感のあとに、シソがほわっと香り直売所で大人気。お客さんからは「塩分控えめの上品な味で、さすが元気母さんの味つけですね」とおほめの言葉をいただき、グループの自信につながっています。

〈材料〉

タマネギ（卵大の小さなもの）		7.5kg
塩		225g
赤ジソの葉（塩モミしてアクを抜いたもの）		約250g
漬け汁	酢	2ℓ
	砂糖	1.4kg
	みりん	400cc

① タマネギを下漬けする

きれいに皮をむいたタマネギを半分に切る
形を崩さないように根元と上の部分は残す

塩

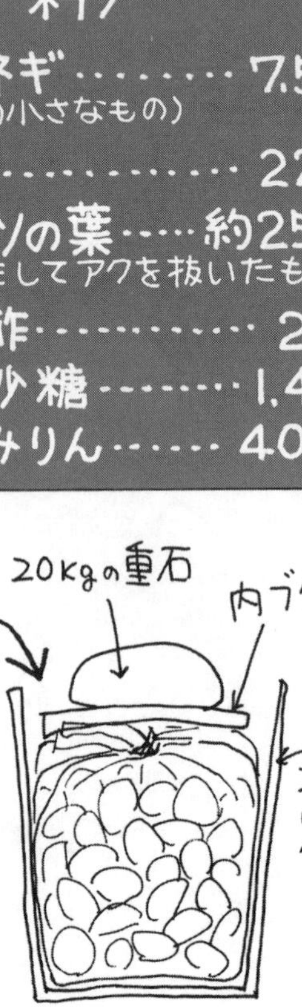
20kgの重石
内ブタ
20ℓの容器

容器にニオイがつかないよう、タマネギをポリ袋に入れ、上から塩をふる。

空気を抜いて口をしばり袋ごと1週間ほど漬ける。

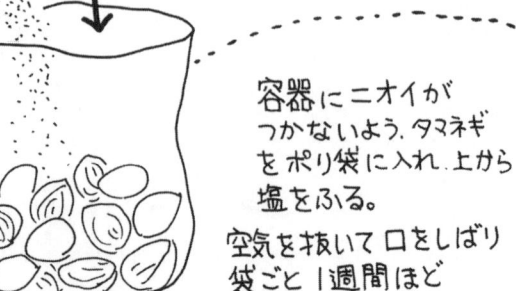

北海道士別市　元気母さん！ほのぶぉーの工房

（紹介者）　鈴木典子

②漬け汁をつくる
みりん
砂糖
酢
酢、みりんをあたため、
砂糖を入れる。溶けたら
1晩おいて冷ます。
10kgの重石
内ブタ
袋の口をしばり
内ブタと重石を
のせる。
1ヵ月で完成
③本漬けする
ザルでしっかり水を
切った①の
タマネギ
赤シソ
の葉
ビニール袋
20ℓの容器
シソの香りと味を
全体に馴染ませる
ために、袋の中に
タマネギとシソを
交互に重ね、
漬け汁を注ぐ。
上品な
お味ね
え・近藤泉

豆腐のもろみ漬け

豆腐のもろみ漬けは、熊本県の山間部で昔から作られている冬の手作り保存食です。その味はなんともまろやかでまさに和風チーズ。「エッ これが豆腐なの!?」というくらい変身して、ちがう味わいのおいしさです。私は1〜5月に直売所で販売もしていますが、冷蔵庫があれば1年中作ることができます。

〈材料〉	
豆腐	20丁
もろみ	10kg
塩	100g

① 豆腐を4等分に切る。

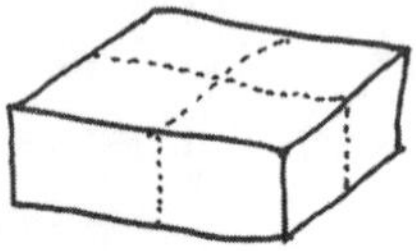

近所のおじいさんの作る昔ながらの木綿豆腐。大豆の香りが口にひろがります。

もろみ漬け用に、箸を立ててもくずれないくらい固くしぼってもらったものを使っています。

ふつうの木綿豆腐を半日くらい水切りしたものや、厚揚げ豆腐でも大丈夫です。

熊本県宇城市 藤崎誠子

❷ 豆腐に塩をすりこむ

手に塩をひとつまみずつつけて豆腐にすりこむ。
豆腐の形がくずれにくくなり、長もちする。

☆もろみは長崎から取り寄せた特製のものを使っています。が、

☆スーパーで買えるものでも大丈夫。

もろみ

☆もろみの代わりに味噌を使って漬けてもおいしい。

❸ もろみと豆腐を交互に漬け込む。

9～13℃が適温

10～14日間もすればできあがり。

18ℓの密閉容器

豆腐から水がたくさん出るのでもろみは1回しか使えません。

同じように作っても
毎回違う味になるので
おもしろいですよ。
熱いご飯にもよし、
酒のつまみにも最高です。

青トマトのカレー粉漬け

1日に何度も飲むお茶には漬け物が欠かせません。でも、毎日同じものだとあきてしまうので、収穫が終わる頃の赤くならない「青トマト」で、カレー粉漬けをつくりました。シャキシャキとした歯ざわりがよく、絶好のお茶の友になります。

① 材料を切る

トマトは薄く輪切りに

(トマトはピンポン玉大)

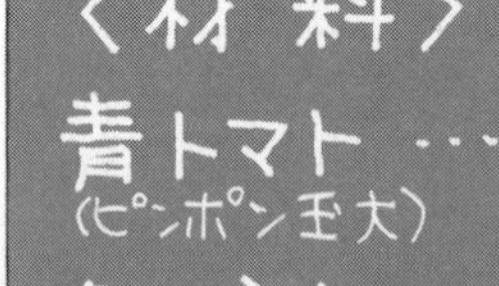

タマネギは1cm厚に切る

② 下漬けする

ボウルにトマトとタマネギを入れ塩を加えて混ぜる

一昼夜常温でおく

③ 水抜きをする

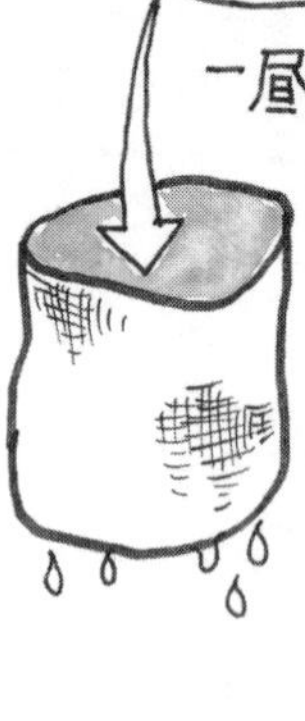

②を布の袋に移し、くちを結ぶ

手で搾って水を抜く。

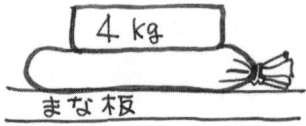

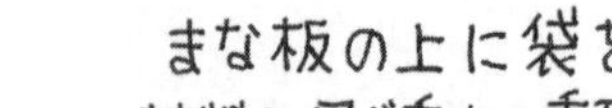

まな板の上に袋を置き、材料と同じ重さの重石をのせる。

1日ほどおくと水気が抜ける。

〈材料〉

- 青トマト……2.6kg (ピンポン玉大)
- タマネギ……1.3kg
- 塩……半カップ
- 漬け汁
  - 砂糖……1kg
  - 酢……180ml
  - カレー粉……380g (1缶)

長野県長野市　横田よしこ

④ 漬け汁をつくる

砂糖
酢

鍋に砂糖と酢を入れ、火にかける。砂糖が溶けるまで煮立てる。

カレー粉

カレー粉を入れ、溶けたら火を止める。

⑤ 本漬けをする

③のトマトとタマネギを入れ漬け汁を注ぐ。

フタをしめて
1週間おいて完成

暑いときは 小分けして冷蔵庫で保存した方がいい。

ピンポン玉くらいの小さいトマトのほうがゼリーが少なくて食感がいいですよ。

え：近藤泉

お茶うけに最高！

ナガイモのしょうゆ漬け

農家のお母さんたち8人で、ハッピーピクルスというグループを作り、15種類の漬け物を加工、販売しています。その中でも特に人気なのがこれ。サクッとした歯ざわりで、絶品のおいしさです。みなさん最初は「本当にナガイモが漬け物にできるの？」と驚かれますが、食べてみると、「ウーン おいしいですね」と言われます。私たちも嬉しーい。ぜひ、オホーツクの自然の恵みをご賞味ください。

〈材料〉 1斗樽にちょうどよい量

- ナガイモ……10kg
- 砂糖……1kg
- しょうゆ……1.8ℓ
- 酢 1カップ
- ショウガ 1かけら

（酢とショウガは）好みで量を加減してください。

❶ナガイモの皮をむいてさっと水洗いする。

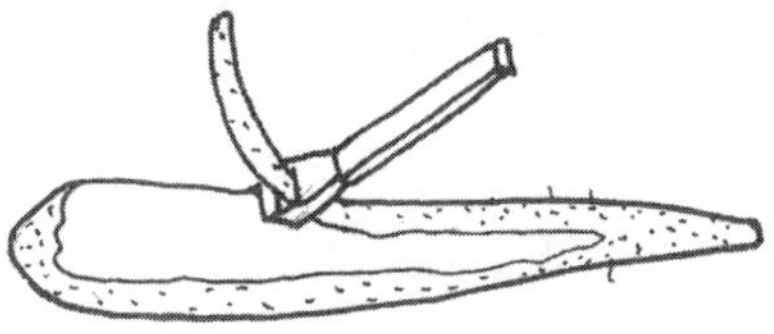

❷長さ15cmくらいに切ってから、縦半分に切る。

規格外（径3cm以下）の細いものはそのまま使う。

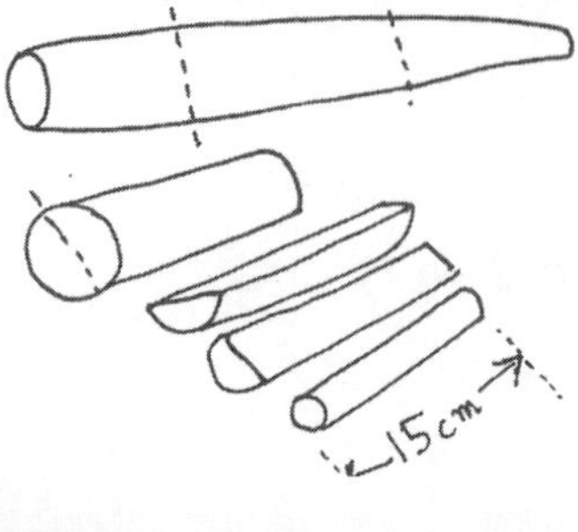
15cm

アクを抜く
ぬめりをとる
変色を防ぐ などの
効果があります

❸もう1度、酢水で洗う。

北海道網走市 菊池艶子

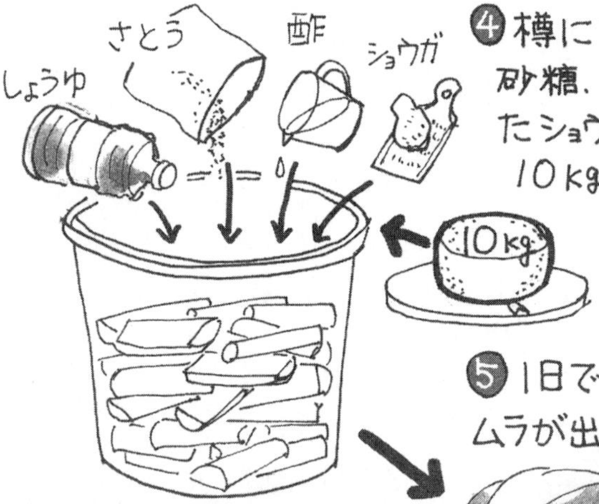
さとう
酢
ショウガ
しょうゆ
10kg

④ 樽にナガイモを入れ、上から砂糖、しょうゆ、酢、すりおろしたショウガをふりかけ、10kgの重石をする。

⑤ 1日で水が上がる。味にムラが出ないよう、かき混ぜる。

5kg

混ぜたあとナガイモが汁から出ていないようにして重石をする。

⑥ 重石を5kgに減らし2日間おいたら樽ごと冷蔵庫に入れる。

大きい冷蔵庫がないときはジッパーつきの袋やタッパーに汁ごと小分けにして冷蔵する。

1週間で完成。その後半月はおいしく食べられます。

畑の元気と私たちの元気をこめて「元気漬」と名付け、1袋(250g)300円で販売しています
オホーツク網走
かあさんの味
元気漬
ハッピーピクルスの家

ナスの柚香《ゆこう》漬け

平成13年に県知事賞をいただいた自慢のお漬け物です。柚子の香りがとてもよくて、朝市でも人気があります。
じつは 今は 加工グループで「大豆かりんとう」を毎日お店に出しているので忙しく、漬け物はつい後回しになってしまいます。 でもナスがとれたときに 下漬けだけしておけば、冬にでも ゆっくり作れます。

下漬け

ポイント1
ナスは若くて皮がキレイなものを使います。若い方がタネも少なくておいしい!

うちじゃ50cmもある在来の長ナスを使うこともあります

❶ナスのヘタをとり、10%の塩で2、3日漬ける。(1番漬け)

❷水を捨て、30%の塩で漬けなおす。(2番漬け)→これで1年もつ。

ポイント2.
2番漬けのときには、草刈り機の替刃を2枚くらい入れます。ナスの皮の色がいつまでも茶色くなりません。

ミョウバンを使ったこともあったのですが 皮が固くなり、ムラになりやすいので こっちの方がおススメです。

山口県旭村 林 久子

柚子《ユズ》は手に入るときに皮を千切りにして冷凍しておく.

赤シソの穂は実の入る直前にとり塩をまぶして冷凍しておく

〈材料〉

下漬けしたナス		1kg
A	しょうゆ	200cc
	柚子酢（なければポン酢）	100cc
	みりん	200cc
	柚子の皮	少々
	穂ジソ	少々
	ショウガ（千切り）	少々
	タカノツメ	少々

本漬け

❶ 下漬けしたナスの塩抜きをする。

流水なら2〜3時間ため水なら1晩つける

❷ 食べ良い大きさに切り、水気を絞る.

洗濯ネットにいれて斜めに置いたまな板の上で押さえつける.

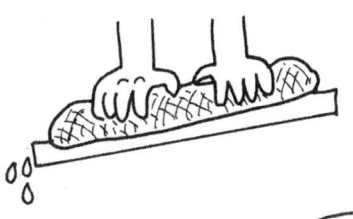

❸ Aの材料を全部鍋にいれて煮立て冷ましておく。

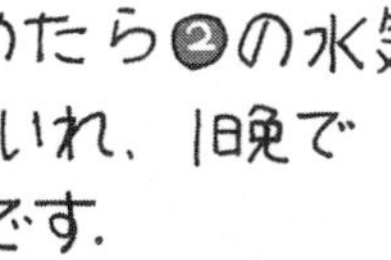

❹ ❸が冷めたら❷の水気を絞ったナスをいれ、1晩でできあがりです.

ナスがたくさんとれるときは1晩下漬け（塩漬け）したあと❸の漬け汁に漬けます.

え・近藤泉

水ナスの水漬け

主人の姉から作り方を教わって以来　15〜16年、毎年水ナスのとれる時期になると、この水漬けを作っています。　実が大きくなる前にとって漬けると、皮が薄くて お年寄りでも パクッと1口で 食べられます。家族も 友達も みんな「いつ作るの？」と 待ってくれています。

〈材　料〉

水ナス（1口大の小ナス）	2kg
砂糖	250g
塩	100g
ミョウバン	大さじ1杯
水	2カップ

❶水ナスは 親指と人さし指でつくった輪と同じくらいの大きさで収穫する。

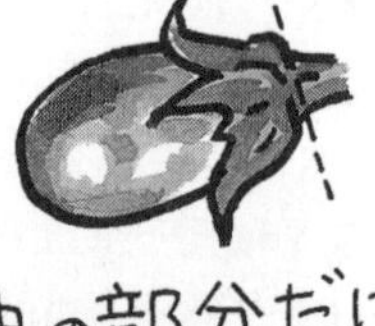

軸の部分だけ
切り落として ヘタは残す

秋田県湯沢市 藤原弘美

② 袋にナス、砂糖、塩、ミョウバンを入れてなじませる。

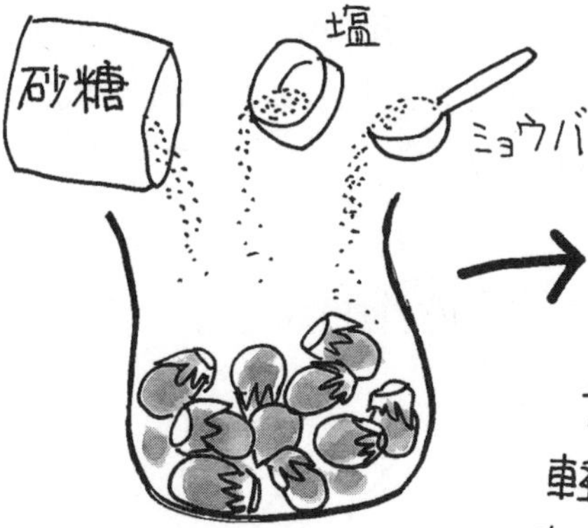

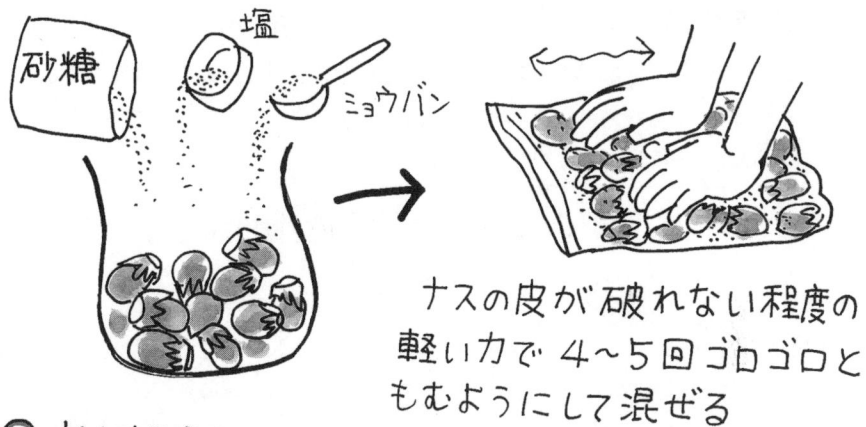

ナスの皮が破れない程度の軽い力で 4～5回ゴロゴロともむようにして混ぜる

③ 水を加えてガボガボ揺すり、冷蔵庫で半日くらいおく。

え・近藤泉

ナスの泥漬け

田んぼの客土に使う山の赤土を利用して、昔から泥漬けをつくってきました。しばらくはやめていましたが、懐かしくなってまた始めました。ふつうの漬け物よりもナスの紫色がきれいに出ますし、やわらかくなるので喜ばれます。色止めにミョウバンを使うより、味がまろやかになります。

❶ 山から赤土をとってくる.

❷ 漬け床をつくる.

塩
(砂まじり
サラサラ)
赤土
水
2ℓの小さな容器
サラサラの土を混ぜるとナスや手に泥がつきにくい

水を少しずつ加えてよく練る

塩加減は、泥をなめて、ほんのりしょっぱいくらい

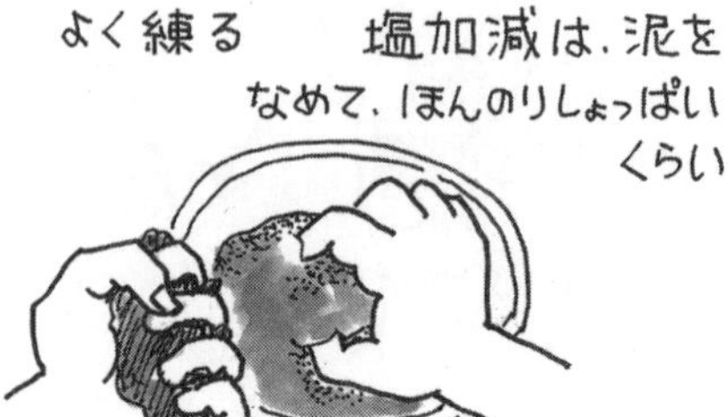

泥の水分は握って指の間から「ウニュッ」と出る手前が理想。

〈材料〉

- ナス……20個ほど
- 山の赤土 { 粘土質の土…1.4ℓ / 砂まじりの土…0.6ℓ }
- 塩……ひと握り
- (水……赤土が乾燥しているとき)

新潟県阿賀野市　渡辺耕介

③ 漬ける

洗って水気を切ったナスを 丸のまま
泥の中に埋める。

落としブタ
1kgの重石

※塩加減が不安な場合は、
ナス2～3個で試し漬けする。
……1晩おいて……
○塩が強すぎる → 粘土を足す
○塩が足りない → 塩を少し足す

床は10回くらい
使える

冷暗所に
一晩おいて
完成

小ぶりの ナスを
漬けるのが
オススメです！

え・近藤泉

菜の花漬け

私たちの住む上田上集落は、四方を山で囲まれた、小さな盆地です。温暖な気候と大戸川が運ぶ山砂のため、昔から菜の花の栽培に適した土地だといわれています。

6人の女性グループで愛情込めて菜の花を育て、2種類の菜の花漬けをつくっています。

ほろ苦くておいしい「新漬け」は、ポン酢、大根おろし、マヨネーズなどで和えて サラダ感覚で食べてもよく、若い人に喜ばれます。「黄金漬け」は この地域の伝統の味で、発酵した豊かな香りが特徴です。酒の肴にも好まれています。

新漬け

〈材 料〉

3～4分咲きの菜の花

塩（花の重さの4.8%）

❶ 菜の花を摘む

❷ よく水洗いし、ザルにあげて水を切る。

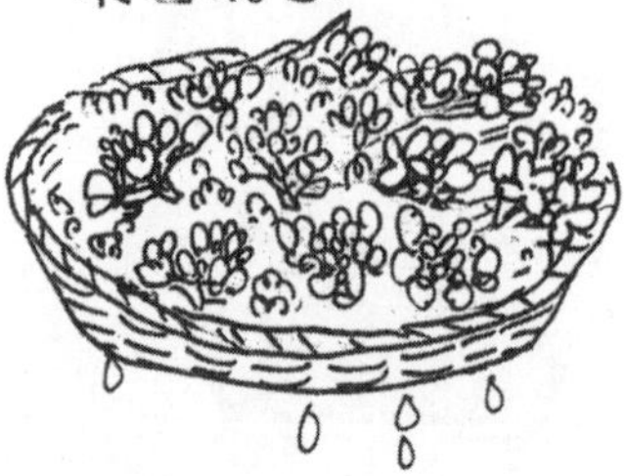

❸ 菜の花と塩を交互に入れて漬け込む。

5日ほどでできあがり。
冷凍保存します。

滋賀県大津市　寺元孝子

黄金漬け（古漬け）

〈材料〉
満開に咲いた菜の花
塩（花の重さの8〜10%）
トウガラシ

① 菜の花を水洗いし、ザルにあげて十分に水気を切る。

② 漬け物桶にビニール袋を張り、材料を図のように重ねて入れ思いきり体重をかけて空気が入らないように押し込む。

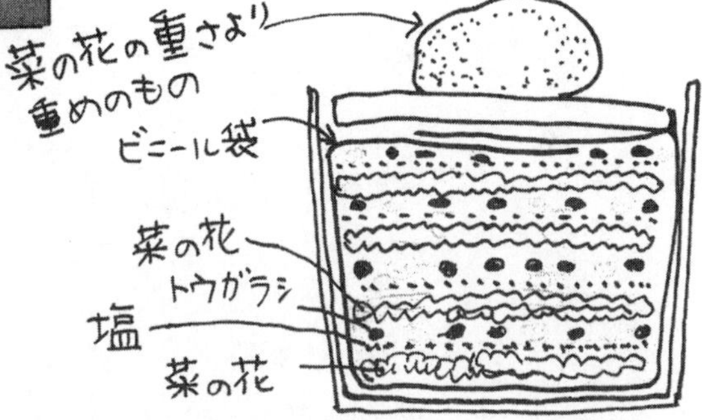
菜の花の重さより重めのもの
ビニール袋
菜の花
トウガラシ
塩
菜の花

③ 5月ごろ、黒い汁が出ているので、桶を傾けて流す。

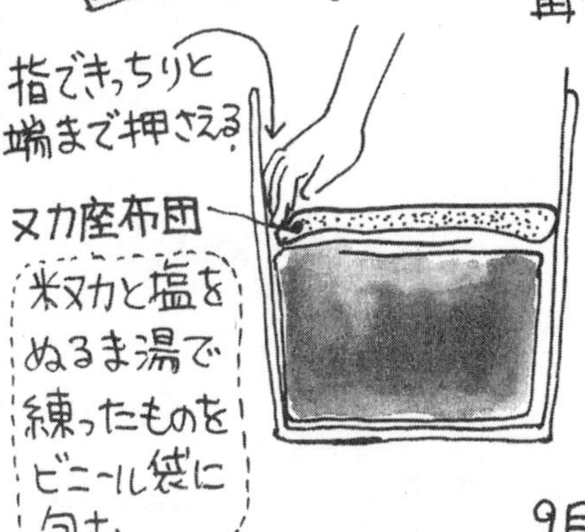
指できっちりと端まで押さえる
ヌカ座布団
米ヌカと塩をぬるま湯で練ったものをビニール袋に包む

④ ヌカ座布団でフタをして密封し、再び重石をする。ヌカ座布団をすると、これ以降あまり黒い汁が出ないようになり、うまく発酵させられる。

9月ごろから翌年の3月ごろまで食べられます。

ナバナの即席漬け

私はナバナの栽培農家ですが、最初にトウ立ちする芯や、蕾が大きくなりすぎたものなど、出荷できないものがあります。でもそれをサッと湯にくぐらせて塩で漬けると、とてもおいしく、食欲をそそる漬け物になります。
春先に出るハクサイやダイコンなどのトウにも応用できます。

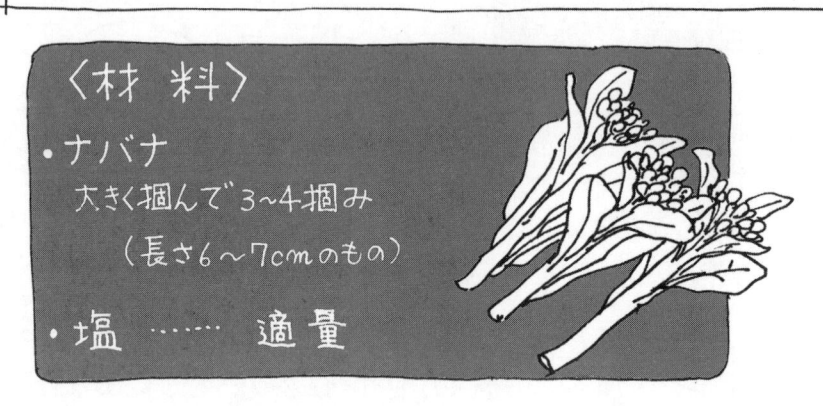

〈材料〉

- ナバナ
  大きく掴んで3～4掴み
  （長さ6～7cmのもの）
- 塩……適量

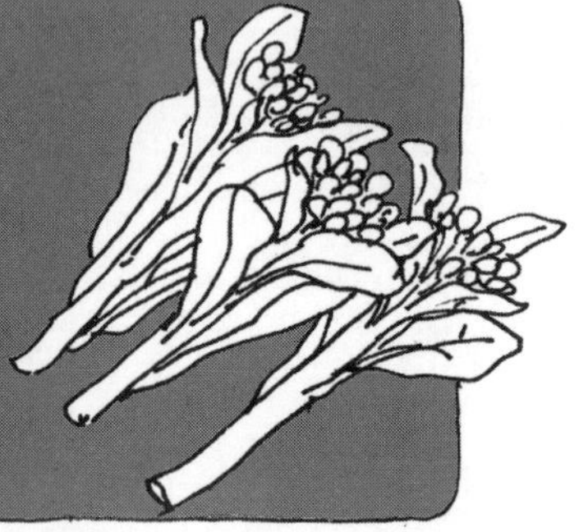

① ナバナを沸騰した湯にくぐらせる。

ひと混ぜするとキレイな緑色になるので、すぐ冷水にとる。
※決して茹でるのではありません。

大分県国東市　川野トキエ

② 軽く絞って水気を切ったナバナに塩を振りまぜ
重石をのせて一晩漬ける.
塩
水を張った平底の容器などを、重石にするとよい
小さめのプラスチック桶や即席漬け物容器など
2～3日ぐらいはおいしさそのままで食べられます.
サッと洗って適当に切り、ゴマとカツオ節をかけるとお茶うけに最高です.
温かいご飯にチリメンジャコと一緒に混ぜて食べるとおいしいです
たくさん作って人にあげて喜ばれています.
え・近藤泉

ニラのピリ辛漬け

私は直売をしている農家で、ニラもたくさん作っております。出荷用に束ねるとき、根元の部分を切り落として揃えるのですが、もったいないのでめんつゆに漬けてみました。
においは強烈ですが甘味もあっておいしく、「一度食べるとまた食べたくなる」と好評です。

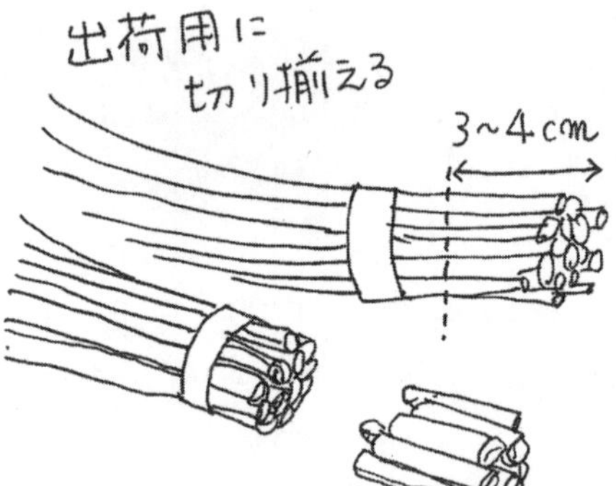

〈材料〉

ニラの切り落とし（根元の部分）	2束分
めんつゆ	適量
トウガラシ（小口切り）	1本分

❶ 洗ったニラを1cmくらいに切る。

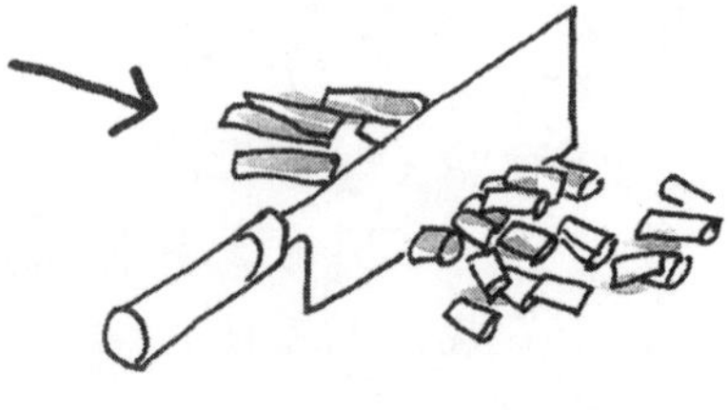

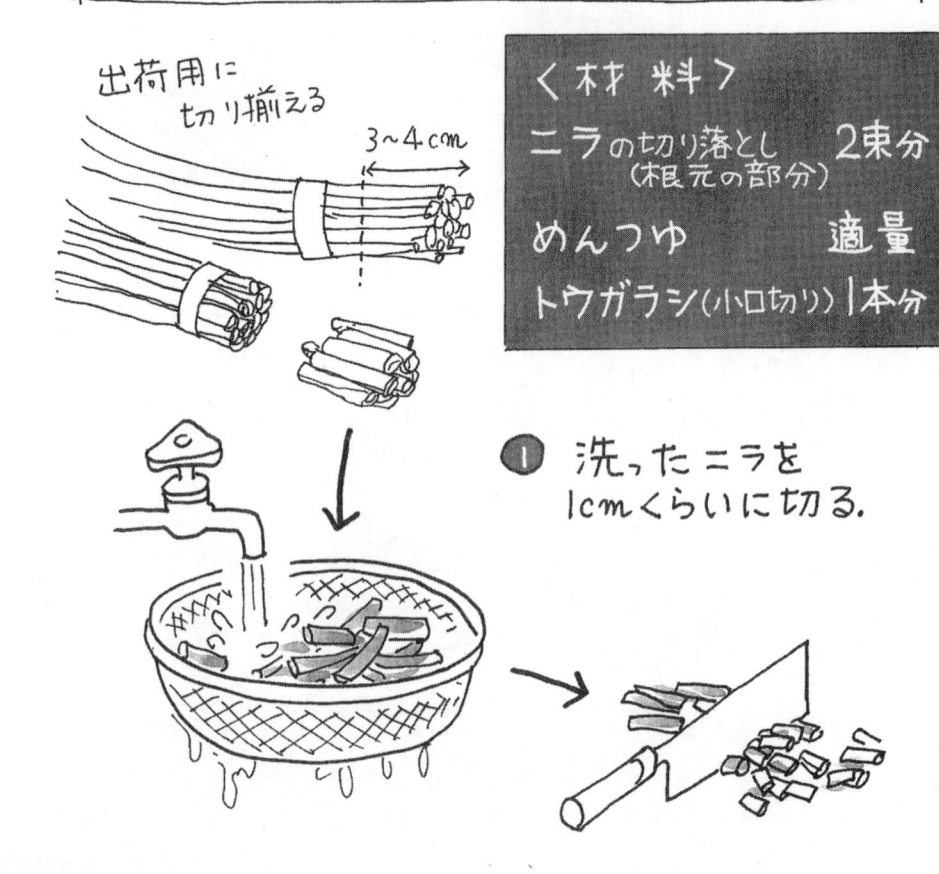

宮城県蔵王町 ● 佐藤百百代

② 切ったニラに めんつゆ、トウガラシを混ぜ 冷蔵庫に一晩おく。
トウガラシ
めんつゆ
ヒタヒタになる程度
よく混ぜる
1晩おくだけ
ほとんど生のため
においと辛みは強烈。
最初に食べるときは
勇気がいるが、くせになる味。
肉厚な根元部分を使うので
食感はコリコリしておいしい。
ご飯のおかずにも
酒のつまみにも最適。
え・近藤泉

ニンニクの黒砂糖漬け

ニンニクの黒砂糖漬けは、沖縄の友人から教わりました。沖縄ではお茶うけにするようですが、わが家では刻んでチャーハンに入れたり、晩酌のお供にしたり、いろいろ使っています。黒砂糖とニンニクの香りがクセになって、ついつい食べすぎてしまいます。でもそのおかげか風邪もひきませんし、夏バテもしません。

① 下漬けする。

収穫したてのニンニクの茎と根を切る。

干したものだと固くなりすぎるので注意!

外皮をはぐ。
りん片がバラけないように皮を1枚だけ残す

ニンニクを水洗いし、水をきってから大きめのボウルに入れる。

塩をまぶして一晩おく。

〈材 料〉

	ニンニク(丸ごと)	30~50個
	塩	20g
漬け汁	黒砂糖	900~1.500g
	水	2ℓ
	酢	少量(おちょこ半分程度)

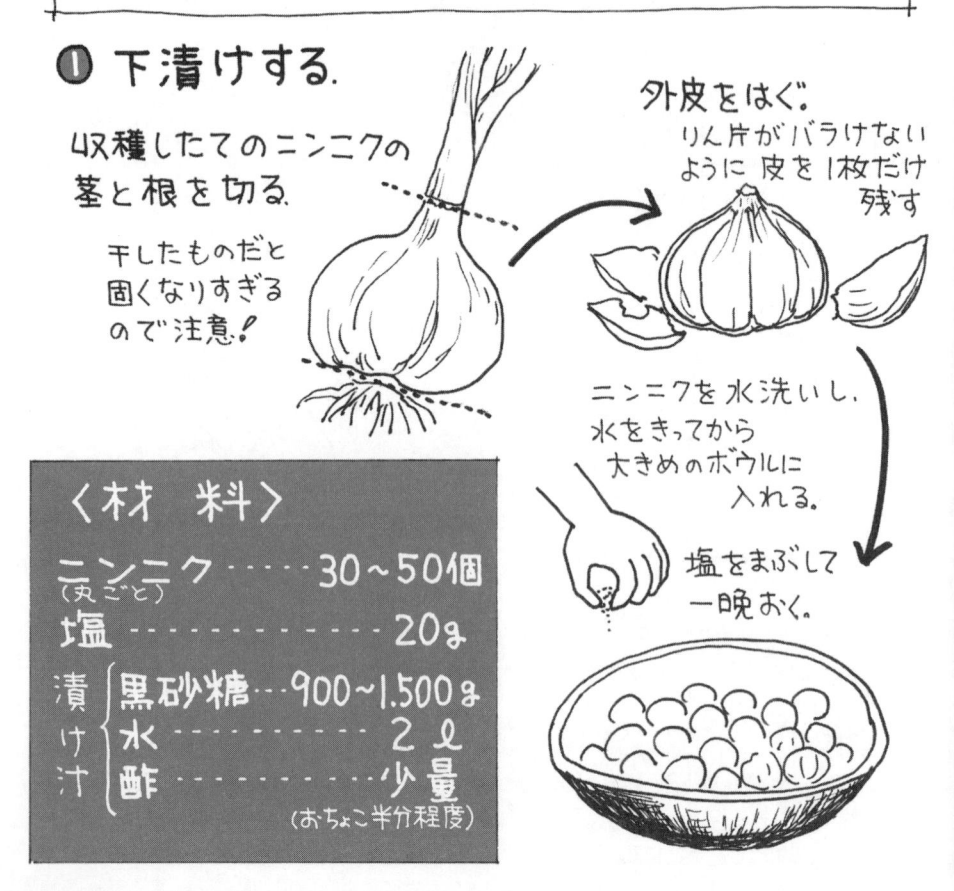

大分県天瀬町　中嶋郁子

② 漬け汁をつくる.
鍋に水と黒砂糖を入れ、沸騰させないように気をつけあたためる.
酢
黒砂糖が溶けたら火を止め、酢を入れる.
冷たくなるまで常温でおく。
③ 本漬けする.
フタつきの容器にニンニクを入れ、漬け汁を注ぐ.
ニンニクは塩水ごと投入
1年おいて完成
晩酌のお供にもいいですよ
刻んでチャーハンに混ぜてもおいしいです
え・近藤泉

ニンニクのしょうゆ漬け

雪国秋田の寒さはきびしいですが、わが家では毎朝みんなこのニンニクのしょうゆ漬けを食べておりますので、風邪にもかかりません。
86歳の父も、84歳の母も元気です。ニンニクの臭いも少ないので安心して食べられます。
酒のつまみにも最高ですよ。

ニンニクは収穫期よりも10日〜2週間早いものを掘ります。(秋田では7月はじめ頃)若いものの方がやわらかくておいしく漬かります。

〈材料〉

ニンニク	2kgくらい
酢	ニンニクがかぶるくらい(2cm上にあがるくらい)
砂糖	1kg(好みで加減)
しょうゆ	1升

❶ ニンニクをよく洗って、根と茎を切りとる。外側の皮をむいておく。

ニンニクはバラさないで丸ごと使う。

秋田県大仙市　嵯峨久子

②広口ビン(梅酒用のビン)にニンニクを入れ、酢を注いでフタをする。(2cm上くらいまで)
冷暗所で2週間くらい漬けこむ。
酢
2cm
ニンニクが表面に出ないように
よく混ぜておく
しょうゆ
砂糖
酢漬けのニンニク
※ニンニクを取り出したあとに残った酢は2,3回再利用できます。
③2週間後、ニンニクを取り出し、別の広口ビンに移す。しょうゆ、砂糖を混ぜたものを静かにたっぷり(やはり2cm上くらいまで)入れる。フタをしめて6ヵ月漬けこむ。
2cm
時々ようすをみる。しょうゆと砂糖がニンニクにしみこんで足りなくなっていたら足してやる。
フタをして6ヵ月おく
食べるときは半分に切ると切り口がきれい
(猫の足あとみたい!)
え.近藤泉

ネギキムチ

私たち「とんがらしの会」は、「素《もと》」から手作りしたキムチを道の駅や直売所で販売しています。ネギキムチはおいしくて体にいいので、完成すると作った私たちが一番先に購入しています。

〈材料〉

長ネギ……15本くらい
ダイコン……2本
ニラ……1束
ナシ……1/6個
(なくても可)

ショウガ
ニンニク
塩
キムチの素
(市販のもので可)
} 適量

① 材料を切る。

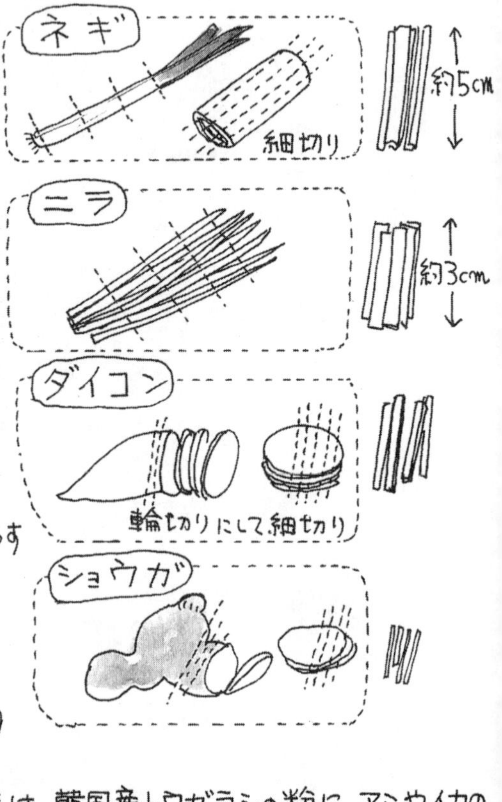
ネギ
細切り
約5cm
ニラ
約3cm
ダイコン
輪切りにして細切り
ショウガ

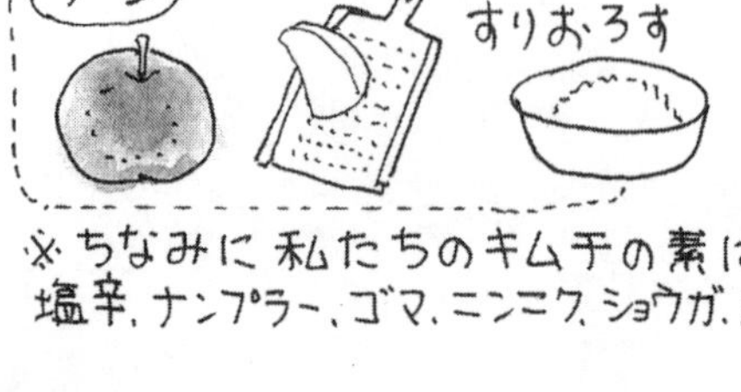
ニンニク
みじん切り
または すりおろす
ナシ
すりおろす

※ちなみに私たちのキムチの素は、韓国産トウガラシの粉に、アミやイカの塩辛、ナンプラー、ゴマ、ニンニク、ショウガ、砂糖などを練り合わせて作っています。

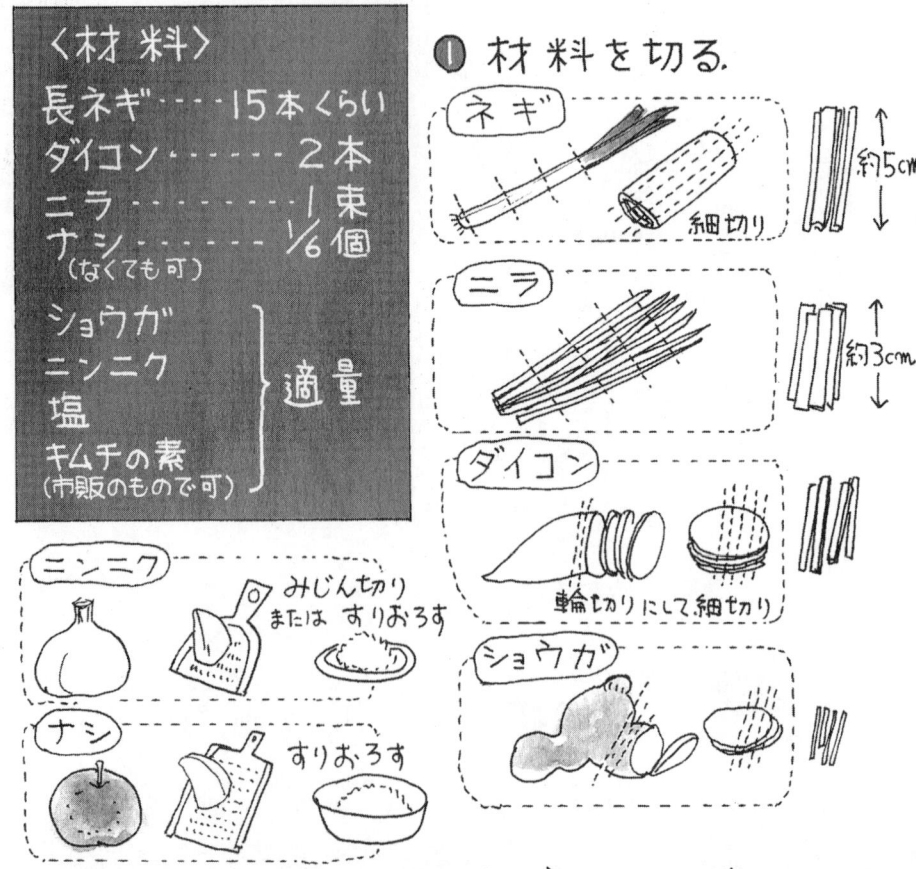

② ダイコンを塩もみする.
5%くらいの塩
軽くもんで水分が出てきたらよく搾る.
③ ネギ以外の材料をよく混ぜる.
ニラ
ショウガ
ニンニク
ナシ
キムチの素
全体が赤くなるくらい入れる
最初からネギを入れると、汁でグチャグチャになってしまう
④ ポリ袋に移してネギと混ぜる.
ネギ
外側から押して材料を転がすように混ぜていく。
できたてもおいしいですが翌日くらいまで冷蔵庫に置いた方が、味が馴染んでおいしくなります。ネギの香りと辛みで食が進みます。アツアツ御飯に、お鍋に、ラーメンのトッピングなどにおすすめです。
とんがらしの会
え: 近藤泉

野沢菜のとき漬け

信州ではどこの家でもつくっている野沢菜。 ふつうは12月はじめ頃に漬けますが，その時に大きすぎる株や小さすぎる株はとらずに畑に残しておき，3月～5月末に「とき漬け」にします。 とき漬けとは即席漬けのことで，「食べたい時にすぐつくれる」ことからこの名前がついたようです。

野沢菜の生長にあわせて漬け物の味が変わり，また花が咲いてからもつくれるので，季節感が楽しめる簡単漬けです。

菜の花漬けも
同じ方法で
つくれますよ
3月
株のすぐ上からとる。
この頃は甘い味がする。
4月・5月
新芽をどんどん取る，取ると横芽が次々生長。 時々追肥をすると太い横芽になり，おいしい。 暖かくなると辛味が出てきてお酒の肴によい。

長野県長野市　伊藤重子

〈材 料〉
- 野沢菜
- 調味液　私はたくさんつくって保存しておきます。
  - しょうゆ　450cc
  - 酢　110cc
  - 砂糖　100g
  - 昆布　5g
- 塩　少々

❶ 食べやすい長さに切る。

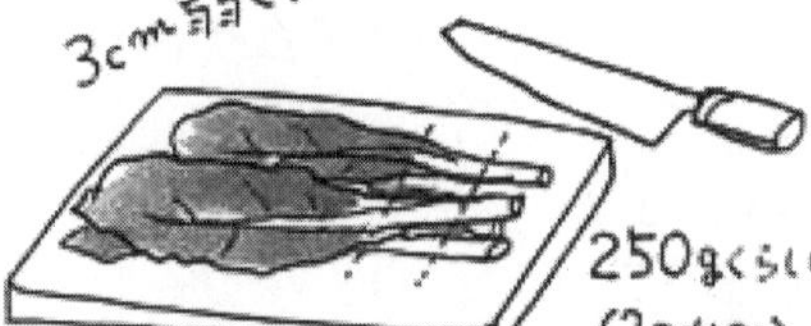
3cm弱くらい
250gくらい
(2つかみ)

❷ ボウルに入れて熱湯をかける。

味がしみこみやすくなり
漬かりが早くなる

色をよくする
効果もある

❸ 冷水で冷やす

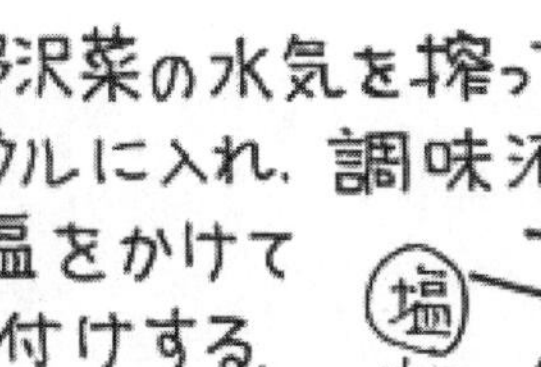

調味液のつくり方

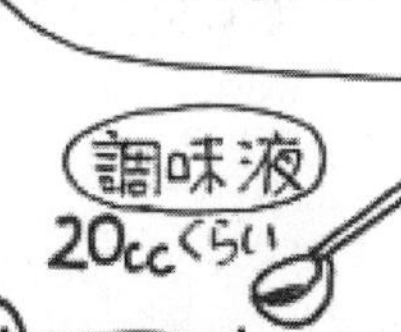

しょうゆ、酢、砂糖を煮立てた後、熱いうちに1cm幅に切った昆布を入れ、冷ましておく。

(めんどうな人は、市販の早漬けの素を使ってください)

❹ 野沢菜の水気を搾ってボウルに入れ、調味液と塩をかけて味付けする。

調味液
20ccくらい
塩
少々

春先は野沢菜自体が甘いので、調味液は多めに。5月以降は野沢菜の辛味を楽しむため、調味液は少なめにするとおいしい。

30分～3時間で
おいしく食べられます

キムチ

義父の仕事（米の検査官）の関係で、昭和11年から21年まで今の北朝鮮で生活しており、キムチは毎日の食卓に欠かせないものでした。 自家用につくっていたキムチを今は地元の直売所で販売しています。 保存料が入っていないので賞味期間は半月くらいですが、市販のものとは味の深みが違うと好評です。

下漬け

材料Ⅰ（下漬け）
ハクサイ10kg（3個くらい）
塩

❶ハクサイを四～六ッ割にし、3～4％の食塩水に漬ける。

❷水が上がったら取り出して水洗いし、ザルにあげて水気をとる。

材料Ⅱ（薬味）

ダイコン 2本　　ニラ 1束（またはネギ5本）
ニンニク 2個　　ショウガ 2個

A
- イワシエキス 180cc（なければだし汁180ccに塩少々を加えたもの）
- 粉トウガラシ（韓国産）1カップ（日本産のものなら辛いので$\frac{1}{2}$カップに）
- 白ゴマ $\frac{1}{2}$カップ
- コチュジャン 大さじ1（または甘いのが好きな人はリンゴ1個のすりおろし）

秋田県横手市　松井マサ子

薬味づくり
ニラは3cmに切る
(ネギは3cm長さの千切り)
ニンニク、ショウガは
みじん切り
ダイコンは
5mmくらいの千切り
Aの調味料
本漬け
薬味をハクサイの
葉の間にはさみ
丸めて容器に入れる
7日目ごろからが
食べごろです。
漬け汁も ラーメンや鍋
に使うとおいしいですよ!!
輪ゴム
ビニール袋
ニオイがキツイので フタつきの
容器を使う。ホーローやステンレスの
ものならフタも重く、色やニオイもつき
にくいので ビニール袋なしでも かま
いません。

ハクサイのキムチはさみ

塩漬けしたハクサイに キムチ味のペーストをはさむだけ。手間がかからず手早く食べられるので、忙しい時期にもってこいです。リンゴの甘みが なんとも言えない隠し味になっており、普通のキムチとは違ったおいしさ。色彩もよく、地域のイベントや親戚のふるまいでも人気があります。

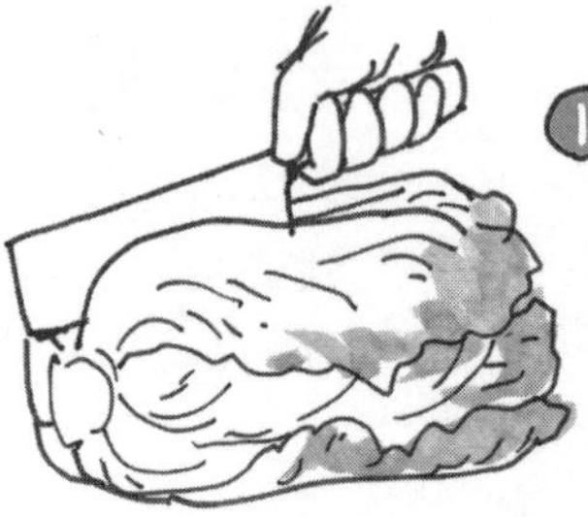

① ハクサイを塩漬けする。

4つ割りしたハクサイに 塩を振りながら重ね、重石をして 2週間ぐらい漬ける。

〈材料〉

	ハクサイ	1株
	塩	約100g
キムチ味ペースト	リンゴ	1個
	ワカメ	1つかみ
	ニンジン	小1本
	柿の皮	2個分
	ユズの皮	1個分
	サクラエビ	小1袋
	キムチの素	中ビン1本

福島県矢吹町　仁井田秋子

② キムチ味ペーストをつくる。

ワカメ
小さく切る
ニンジン
千切り
柿の皮
細かく切る
ユズの皮
サクラエビ
キムチの素
リンゴ
皮ごとすりおろす

③ ハクサイにペーストをはさむ

ハクサイを搾って水気をよく切り、葉を1枚1枚広げて、間にペーストをぬってはさんだらでき上がり。

時間をおかずにすぐ食べられる。

輪切りにしたような形で出すと、色鮮やかで食欲をそそります。

ピーマンのパリパリ漬け

我が家のピーマンは 硝酸が少ないので 全然苦味がありません。すぐ食べてしまうので、いつもは ここに書いた量の倍くらいを つくるんですよ。
季節によっては ミョウガ、シソなどと合わせると、いっそうおいしく いただけます。

〈材料〉

ピーマン	5個
キュウリ	2本
赤トウガラシ	1本
しょうゆ	大さじ4
ゴマ油	小さじ1
みりん	大さじ1
白ゴマ	好みで

① ピーマンはヘタとタネをとって一口大の乱切りにする。

② キュウリは塩をまぶして板ずりにし、乱切りにする。

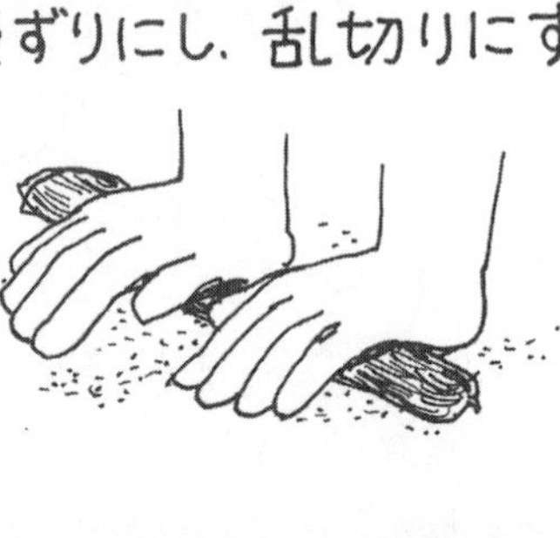

茨城県波崎町　原 範《のり》子《こ》

③ タッパーの中に①のピーマンと②のキュウリをいれ 調味料を入れる.

分量は好みで調節してください.

赤トウガラシは小口切り

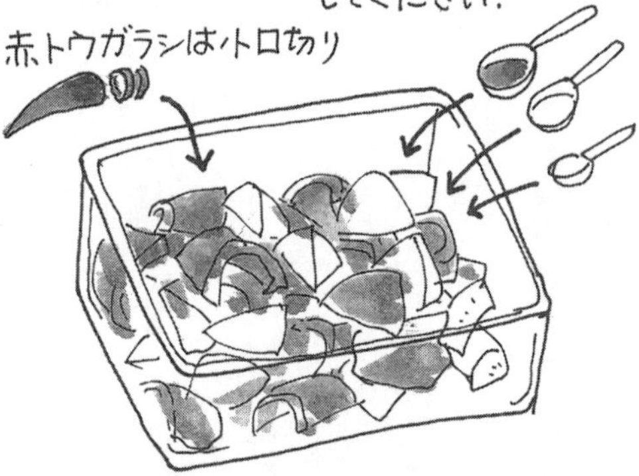

③ 冷蔵庫に入れて一晩おく.

④ 好みで白ゴマをふっていただきます.

2.3日目になると味がしみて やわらかくなり. 違う味わいが楽しめます.

あまり長くおいて やわらかくなりすぎても おいしくないので. 3.4日で食べきれる量をつくります.

うちのピーマンは味がいいんですよ

え・近藤泉

ブロッコリー茎漬け

出雲市 平田地区の特産であるブロッコリー。それも、大半の人が捨ててしまう茎の部分で 漬け物ができないか 試行錯誤を重ねた結果、できたのが この漬け物です。 一度食べたらクセになる食感。ぜひ食べてみてください。

〈材 料〉

ブロッコリーの茎		1kg
漬け汁	刺身しょう油	300cc
	ラッキョウ酢	100cc
	砂糖	1カップ弱
	ダシ昆布	1枚
ショウガ		ひとかけ
トウガラシ		1~2本

① ブロッコリーの茎の皮をむき、輪切りにする。

ブロッコリーの茎は、普通に食べる部分の下15~20cmの部分を使う。
15~20cm

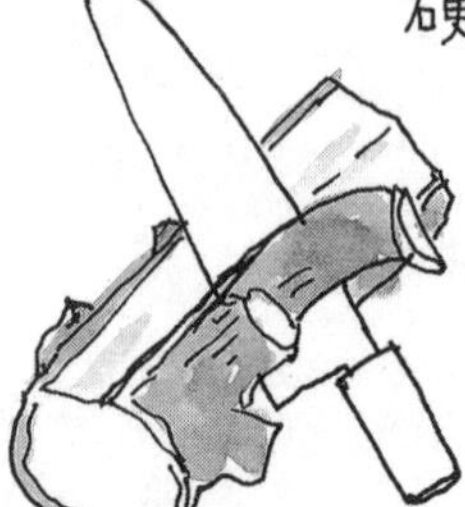
皮はスジがあって硬いので、包丁で厚めにむく

3mmくらいの簿い輪切りにする

島根県出雲市　山根成子
（紹介者）かあちゃんブロッコリー部会女性部長
高橋早苗

刺身しょうゆ
ラッキョウ酢
砂糖
ダシ昆布
②漬け汁をつくる。
鍋に漬け汁の材料を
入れてひと煮立ちさせる。
③冷ました漬け汁に
ショウガとトウガラシを加え、
ブロッコリーの茎を漬け込む。
ショウガ
（みじん切り）
トウガラシ
プラスチック容器に
入れて冷蔵庫へ
20日間くらい置いて
しっかり味を染み込ませ
るのがおいしく漬ける
ポイントです。
え・近藤泉

ミョウガの即席梅酢漬け

わが家では、毎年ミョウガが出る季節がくるのを待ちわびています。ミョウガは千切りして砂糖やステビアと酢で和えて食べたり、酢味噌をかけて食べたりします。それでも全部は食べきれないので、即席梅酢漬けにして保存します。
お茶うけやおかずの一品に重宝しております。

〈材　料〉

ミョウガ	1Kg
酢	1カップ
砂糖	大さじ2杯
梅酢	1カップ

（梅を塩漬けしたときに出る汁）

①酢と砂糖を混ぜる。

酢
砂糖
大きめのバット

②ミョウガをよく洗って水を切る。

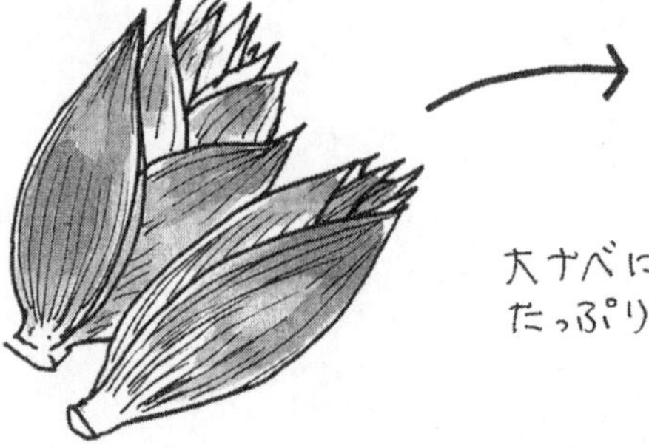

③ナベに湯を沸かし、沸騰したらミョウガを入れて、30秒ほど強火でゆでる。

強火
大ナベに
たっぷりの湯で

ゆですぎると食感が悪くなるので注意する。

島根県雲南市　青木礼子

④ゆでたミョウガを すばやくザルに取り、木しゃもじで押さえて、よく水を切る。

⑤熱いうちに、手早く①と混ぜあわせる。

⑥冷めて酢がよくしみこんだら、ザルにあけ、よく酢を切る。

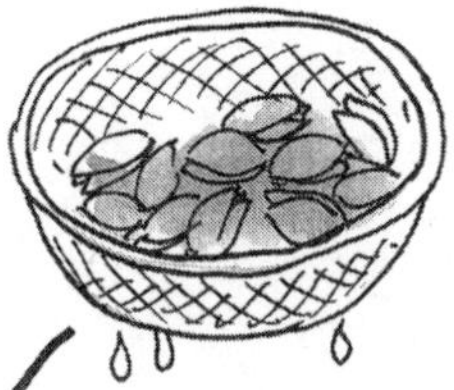

⑦密閉できる容器にミョウガを入れ、梅酢を注ぐ。

ときどき揺すって梅酢が全体にゆきわたるようにする。

だんだん水が上がってきて、ヒタヒタになったら、冷蔵庫で保存する。
2～3ヵ月はもつ。

パリパリした食感が好きな人は、翌日からでも食べられる。

え・近藤 泉

ヤーコンの健康漬け

ヤーコンに大量に含まれるフラクトオリゴ糖は、大腸内の善玉・ビフィズス菌を爆発的に増殖させます。腸内環境がよくなって、便秘や糖尿病、メタボリック症候群などの症状が改善され、血液もサラサラになってきます。
　漬け物にする場合は、このフラクトオリゴ糖が乳酸菌によって消耗されないよう、なるべく手早く作るのがコツです。

下処理

① ヤーコンの皮をむく

② 大きめのヤーコンは半分か1/4本に切る。

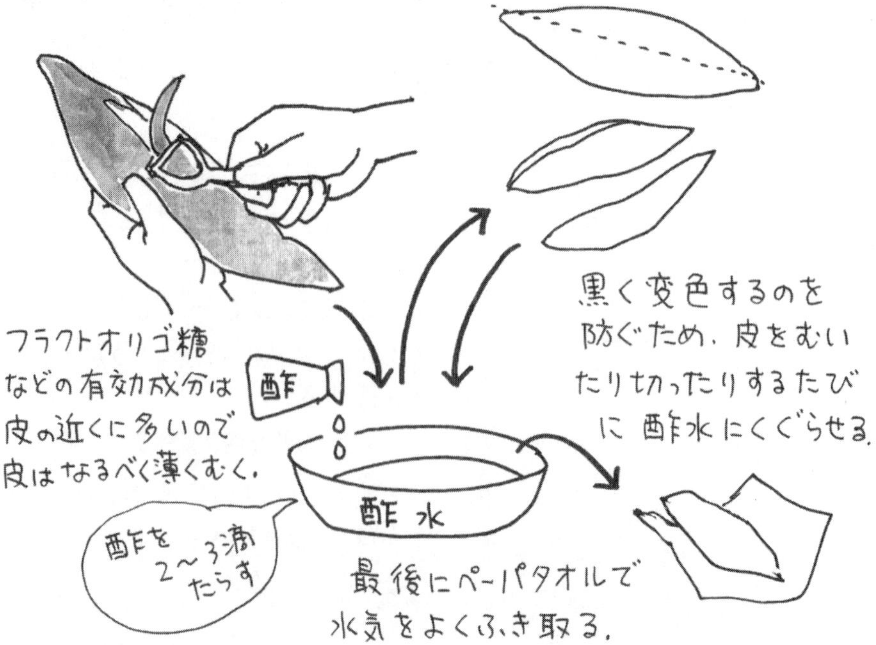
フラクトオリゴ糖などの有効成分は皮の近くに多いので皮はなるべく薄くむく。
酢
酢を2〜3滴たらす
酢水
黒く変色するのを防ぐため、皮をむいたり切ったりするたびに酢水にくぐらせる。
最後にペーパタオルで水気をよくふき取る。

静岡県伊豆市　小川高平

ヌカ漬け　（ヌカ床を持っている人）

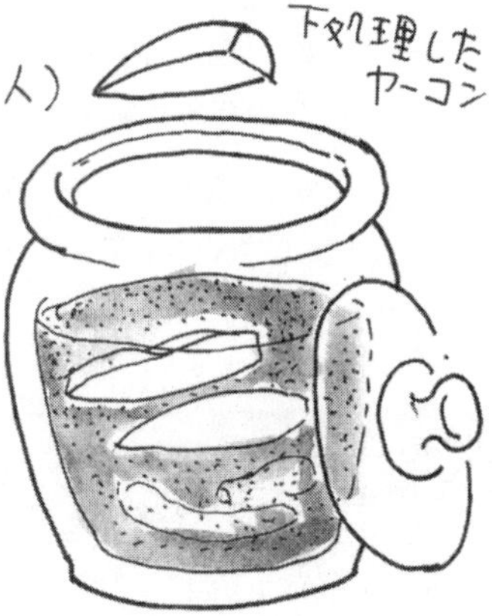
下処理した
ヤーコン

ヌカ床に1～2日だけ漬けたら取り出して食べる。

ヤーコンにハリがあり、
黄金色に輝いているように
見える状態が最高。
漬けすぎるとしわがよってしまう。

味噌漬け　（ヌカ床を持っていない人）

適当な大きさのビニール袋に味噌を入れ、ヤーコンを入れるだけ。1～2日で取り出して食べる。

長く漬けるほど甘味と酸味が
強くなってきます。でも、ほんのり
甘いくらいの上品な味で食べた
ほうが、健康のためには
いいのです。

え
近藤泉

ヤーコンの味噌漬け

ヤーコンは腸の活動を助けるフラクトオリゴ糖や、食物繊維、抗酸化作用があるポリフェノールを含み、機能性が注目される野菜です。珍しい野菜なので「食べ方がわからない」という人もいますが、味噌漬けにするとほのかな甘味があってとってもおいしいのです。私は近くの直売所でも売っています。

〈材料〉

ヤーコン	1kg	
塩	200g	この割合
味噌	200g	
砂糖	150g	

掘りあげたヤーコン

① ヤーコンは水洗いして皮をむく。

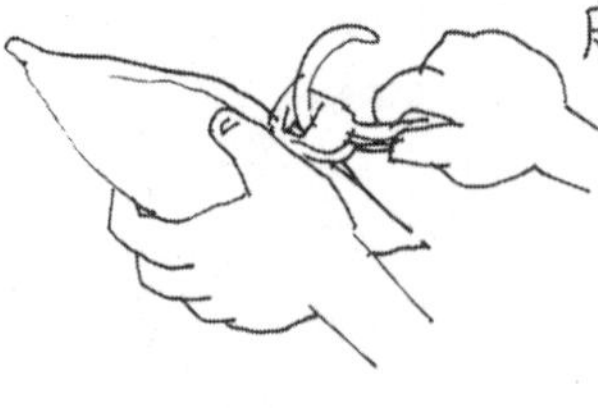
皮むき器が便利

塩漬け

② 漬物桶にヤーコンをならべ、塩をふる。ヤーコン、塩と交互に重ねていき、内ブタをして重石をのせる。

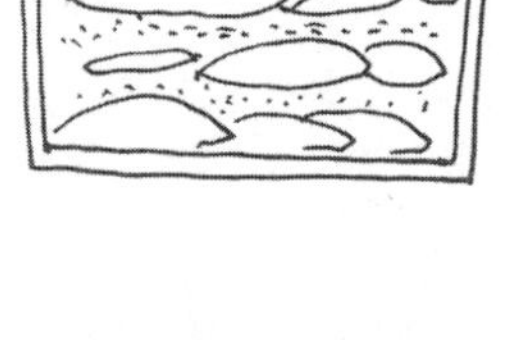
重石はヤーコンの重さよりやや軽いくらい
重石

(え)近藤泉

長崎県松浦市　白川富美枝

❸ 2週間くらい漬けて水が少しあがってきたら、ヤーコンを取り出す。日なたで1日干すか、ふきんでふいて水気をとる。

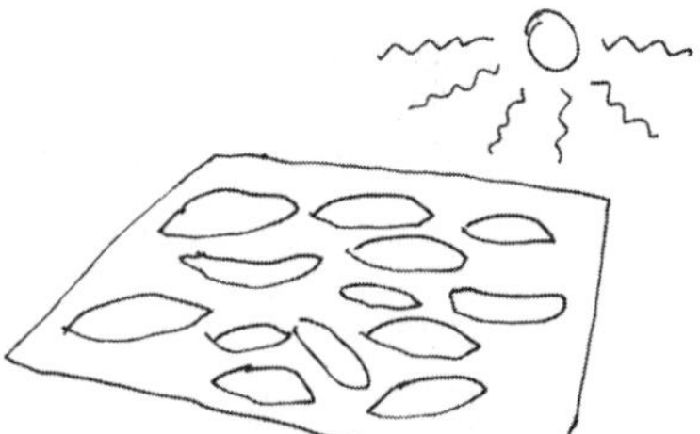

❹ 味噌と砂糖をよくまぜておく。
(漬け床は多目の方がおいしく漬かる)

本漬け

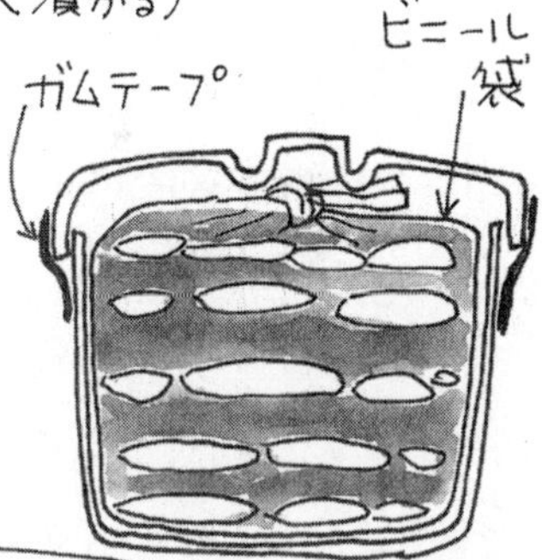
ガムテープ
ビニール袋

❺ 漬け物桶にビニール袋をしき、その中にヤーコンを並べ、❹と交互に重ねていく。
最後に空気を抜きながら袋の口をしっかりと結び、桶のフタをしてガムテープで密封する。

ヤーコンは生でも加熱してもおいしいです。
おいしいです。
しゃきしゃきした食感とさわやかな甘味が特徴です
タマネギの薄切りとあわせたサラダ・酢の物
煮物
炒め物
揚げ物
大きくなった葉はお茶にもできる

お日様のラッキョウ漬け

漬け物って暗くて涼しいところのもの というイメージがありませんか？ でも、明宝村に伝わっているラッキョウ漬けは日当たりのいい所で、お日様に漬けてもらいます。ぬくぬくと温めて発酵させることで、あまり酢っぱくないやさしい味のラッキョウ漬けができます。（酢は使いません！）

1年たってもカリカリしておいしい、明宝の昔の人の知恵の味です。ぜひ一度お試しください。

〈材料〉

	ラッキョウ	2kgくらい
漬け汁	水	1升
	塩	1合
	砂糖	1kg（少し甘めです）
	トウガラシ	適量

① ラッキョウを水で洗って泥を落とす

② ひげ根と芽先を切り落とし、汚れている薄皮をむいておく。

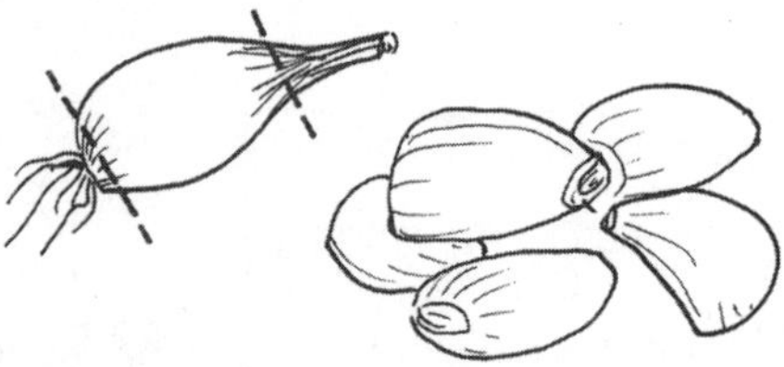

③ 漬け汁を合わせる。

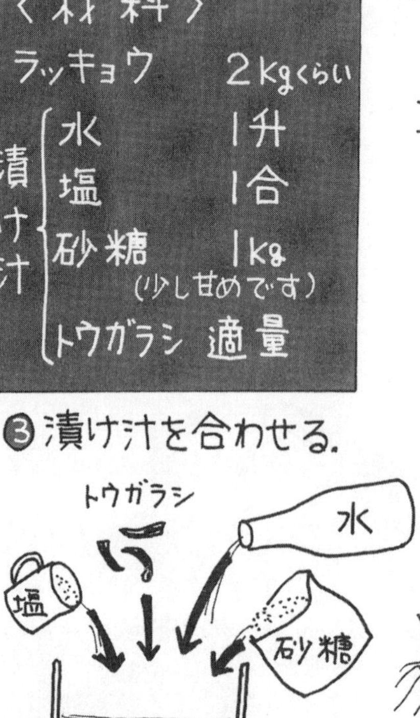

岐阜県明宝村《めいほう》 ● 石田賀代子

④ラッキョウをビンに入れ
漬け汁を注ぎ入れる。
⑤できるだけお日様の当たる所にビンを置く。
発酵して出てくるガスでビンが
割れないように、ゆるめにフタをする。
漬け汁は
ラッキョウより2cm
高くなるくらい。
容器は
味付海苔のビン
のように、中が
見えるものが
ベストです！
できあがったら
涼しい所で保存して
ください
⑥はじめ白濁して
いた汁の色が
1ヵ月くらいで澄んで
きて、なんとなくトロッと
した感じになったら食べ頃。
私たちは明宝村で
旅館や民宿などをやっている
女性グループです。
村に伝わる伝統の味を
集めています。

塩分ひかえめ

レタスのさっぱり漬け

レタスをおいしく食べるには、包丁を使わず、1枚ずつはがしてよく洗い、指先でちぎります。
半日から1日くらいで漬かりますが、レタス特有のシャリシャリした歯ざわりが残っておいしいです。1~2日で食べきるくらいの量を、そのつど作るといいでしょう。

〈材料〉

レタス……………大玉1個
キュウリ………$\frac{1}{2}$本
ニンジン………$\frac{1}{4}$本
レモン又はユズ…$\frac{1}{4}$個
塩…………小さじ1~2
砂糖……少々(かくし味程度)
塩こんぶ……大さじ1ぐらい
(細切りのもの)

(調味料は好みに応じて適宜増減する。)

❶ レタスは葉をはがし、洗って指先で1口大にちぎり、水をきる。

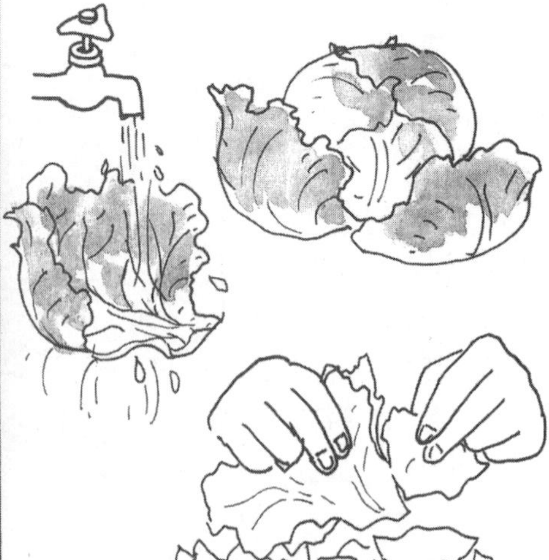

❷ 他の野菜を切る。

キュウリは輪切り

ニンジンは千切り

レモンはイチョウ切り

香川県豊浜町　柴川博子

（紹介者）香川県三豊地域農業改良普及センター
中田礼子

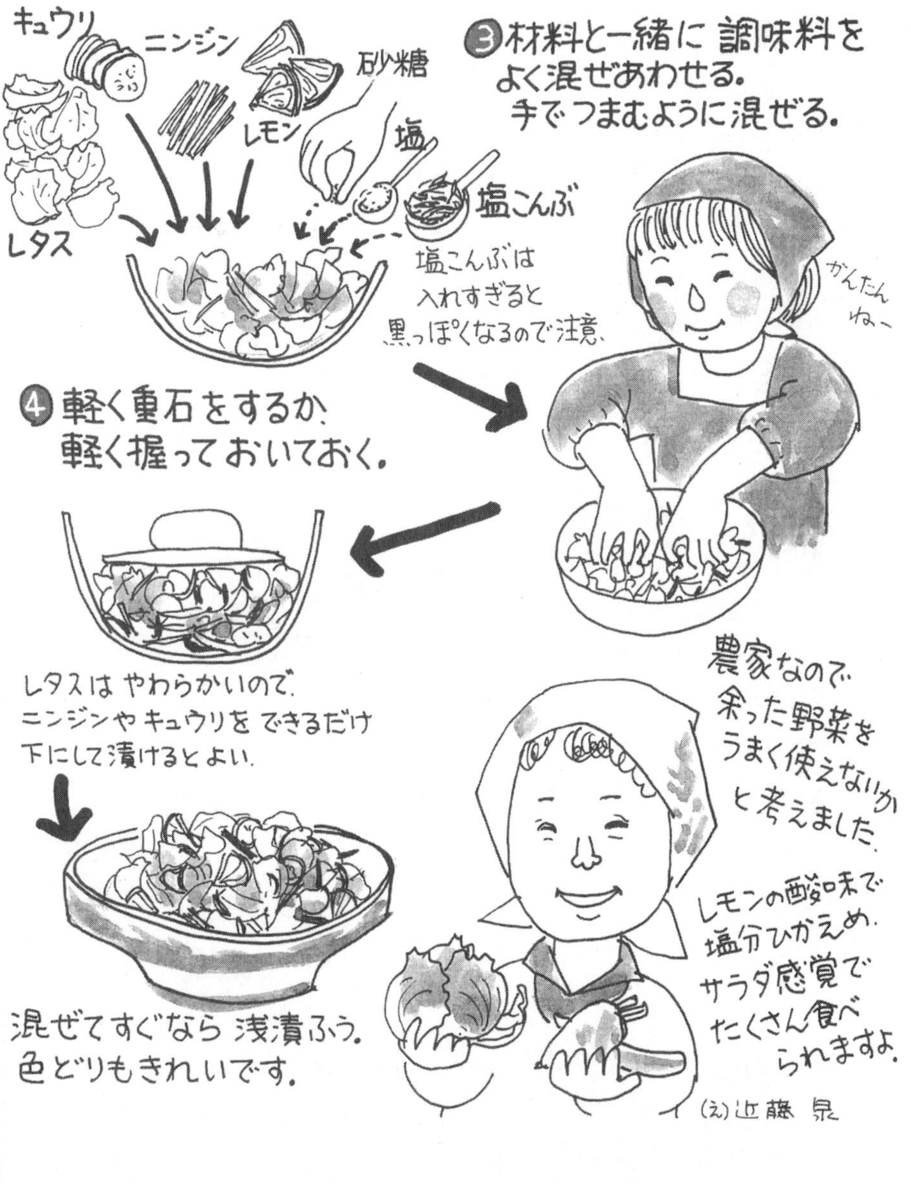
キュウリ
ニンジン
砂糖
レモン
塩
塩こんぶ
レタス
③材料と一緒に 調味料を
よく混ぜあわせる。
手でつまむように混ぜる。
塩こんぶは
入れすぎると
黒っぽくなるので注意。
かんたん
ねー
④軽く重石をするか、
軽く握っておいておく。
レタスは やわらかいので、
ニンジンや キュウリを できるだけ
下にして漬けるとよい。
混ぜてすぐなら 浅漬ふう。
色どりもきれいです。
農家なので
余った野菜を
うまく使えないか
と考えました。
レモンの酸味で
塩分ひかえめ。
サラダ感覚で
たくさん食べ
られますよ。
(え)近藤 泉

みそ漬けの4種和え

食べきれない野菜を みそ漬けにしておきます。
食べるときに 数種類を刻み、季節に応じて いろいろな味で和えます。 目先が変わって「これが ただのみそ漬けか!?」と思うように変身します。 酒の肴に、若い人のお弁当のおかずにと、たいへん重宝しています。

① 余った野菜の下ごしらえをする.

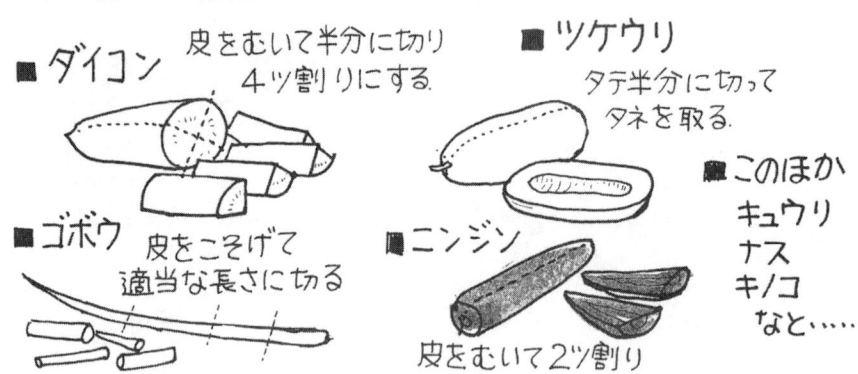

■ダイコン
皮をむいて半分に切り
4ツ割りにする.

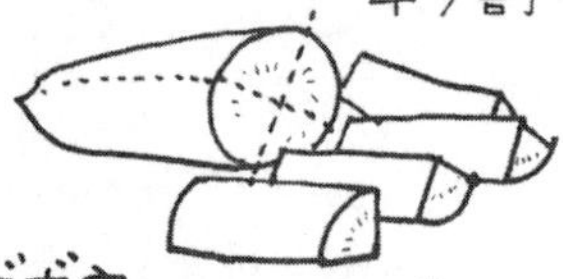

■ツケウリ
タテ半分に切って
タネを取る.

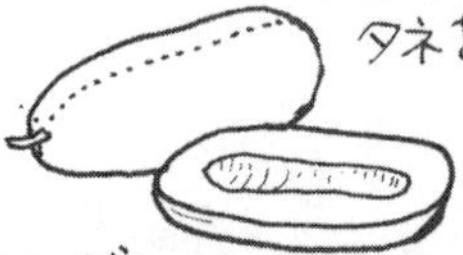

■このほか
キュウリ
ナス
キノコ
など……

■ゴボウ
皮をこそげて
適当な長さに切る

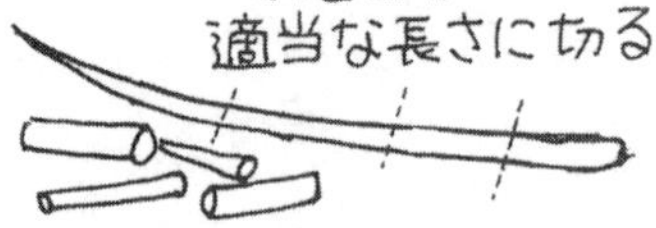

■ニンジン

皮をむいて2ツ割り

② 薄い塩水を煮たてて、熱いうちに野菜にかける。重石をして1晩おく。

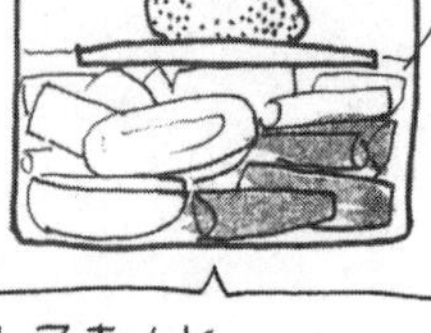

重石

塩水は
野菜が
ヒタヒタに
つかる程度

こうしておくと
カリカリッと仕上がります.

岩手県一関市 ● 斉藤フジ子

③ ②を水洗いして ザルにあげて 水を切る。

④ 薄い麻布の袋に 野菜を種類ごとに入れる。タルに自家製のみそをタップリ入れ、布袋に入れた野菜を漬けこんで1ヵ月以上寝かせる。

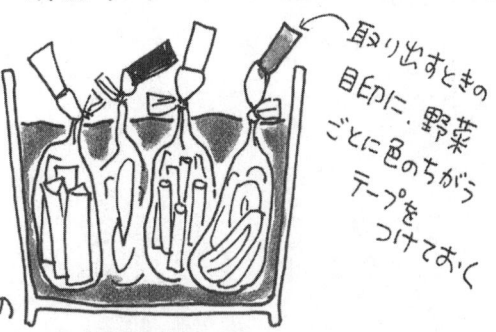

取り出すときの目印に、野菜ごとに色のちがうテープをつけておく

⑤ 食べる時に 何種類かの野菜を小口に切って混ぜ、好きな味で和える。

クルミ和え クルミをすって、砂糖又はハチミツを加える。

ずんだ和え 枝豆をすり、砂糖で味つけ。

ゴマ和え 白ゴマをすって 砂糖又はハチミツを入れる。

オカカ和え ラッキョウの酢を少量たらし、オカカで和える。

今日は何で和えようかなぁ
クルミもゴマも枝豆もおいしくて体にもいいんですよ

いろんな種類の野菜の和えものは見た目もキレイ。お客さんもつい手を出してしまいます。

え・近藤泉

山海の福神漬け

福神漬けというと材料を小さく切ったイメージですが、大きめに切ると材料それぞれの味が楽しめて好評です。
12～13種類の野菜（山のもの）やワカメの芯（海のもの）が入っているので栄養満点。辛みがあるので酒のつまみにもなり、若い人からお年寄りまでみんなに喜ばれています。

〈材 料〉

○塩漬けしたもの
- ワカメの芯……2.5kg
- キュウリ、ナス、フキ
タケノコ、ニンジン
ミョウガ、シソの実
ワラビ……
地域でとれたもの
何でもよい

○もどしたもの
- 干しシイタケ
干しダイコン

（キュウリ～干しダイコン）2.5kg

ナンバン（トウガラシ） 適量

〈調味料〉
- しょうゆ……1升
- 砂糖……1kg
- みりん……2合
- 酢……1合

酢はもう少し多めでもおいしい

春から秋に
山や畑でとれたものを
何でも塩漬けに
しておきます。
ワカメの芯は
海苔屋さんなどで
塩漬けしたものが買えます

❶ 材料をすべてひとくち大にザク切りする。

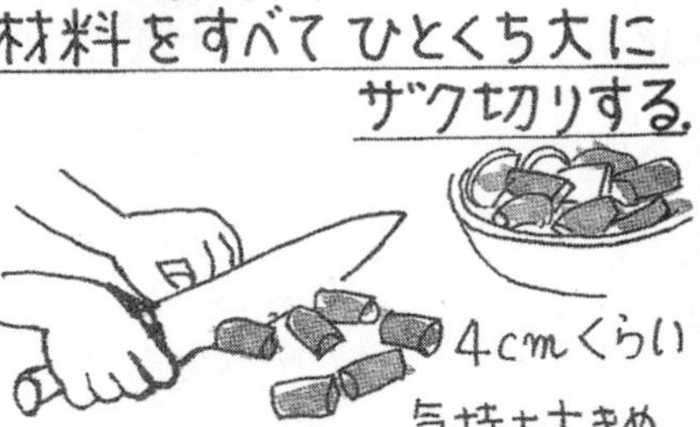
4cmくらい
気持ち大きめ
でもよい

福島県相馬市 阿部ミエ子

お湯を使うと
塩が早く抜け
歯ごたえが
シャキッとする

❷ お湯で塩抜きし、水を切る

熱いお湯(瞬間湯沸かし器で最高の温度)に材料をつけ、お湯が冷めたら取りかえる。2回くらいやって完全に塩気を抜く。塩気が抜けた材料は漬け物用アミ袋に入れて脱水機にかけ、しっかり水気を切る。

❸ 味がしみこむ程度に火を通す

調味料をあらかじめ煮立たせておき、その中に材料を入れる。沸とうさせないように気をつけて味がしみるまで煮る。

最後にナンバンを入れてよくかきまぜてできあがり。

小分けして
冷凍しておけば
夏まで食べられる

私は塩抜きも味つけも材料ごとに別々にやります。多少手間はかかるけど、とってもおいしいですよ。知事さんや有名なファッションデザイナーの方も気に入ってくれています。

夏野菜のさらしな漬け（福神漬け）

夏野菜がたくさんとれたとき、食べきれないものを捨てるのはもったいないので、何でも塩漬けにしてとっておきます。冬場の時間があるとき、更級《さらしな》の名物本シメジや野沢菜漬けなどを加えて地元でとれるものを漬けこむのが「さらしな漬け」です。たくさんできるので、友人や親威にあげていますが、毎年待っていてくれるのでうれしいです。

塩漬け

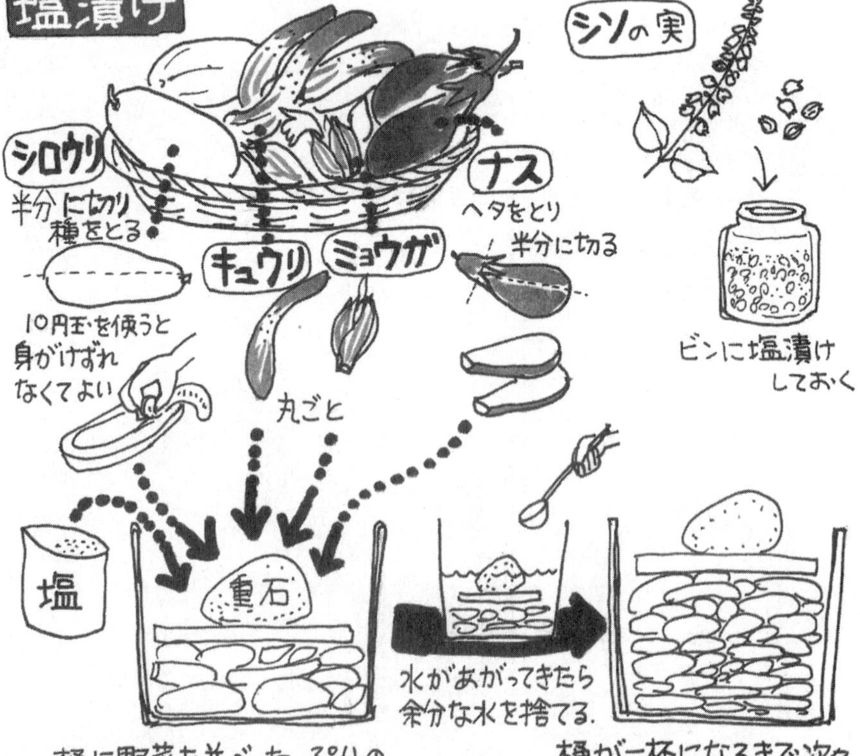
シソの実
シロウリ
半分に切り
種をとる
ナス
ヘタをとり
半分に切る
キュウリ
ミョウガ
10円玉を使うと
身がけずれ
なくてよい
丸ごと
ビンに塩漬け
しておく
塩
重石
水があがってきたら
余分な水を捨てる。

桶に野菜を並べ、たっぷりの塩をまぶして重石をする。

桶が一杯になるまで次々に野菜を漬け足していく。

長野県千曲市　小松たつ子

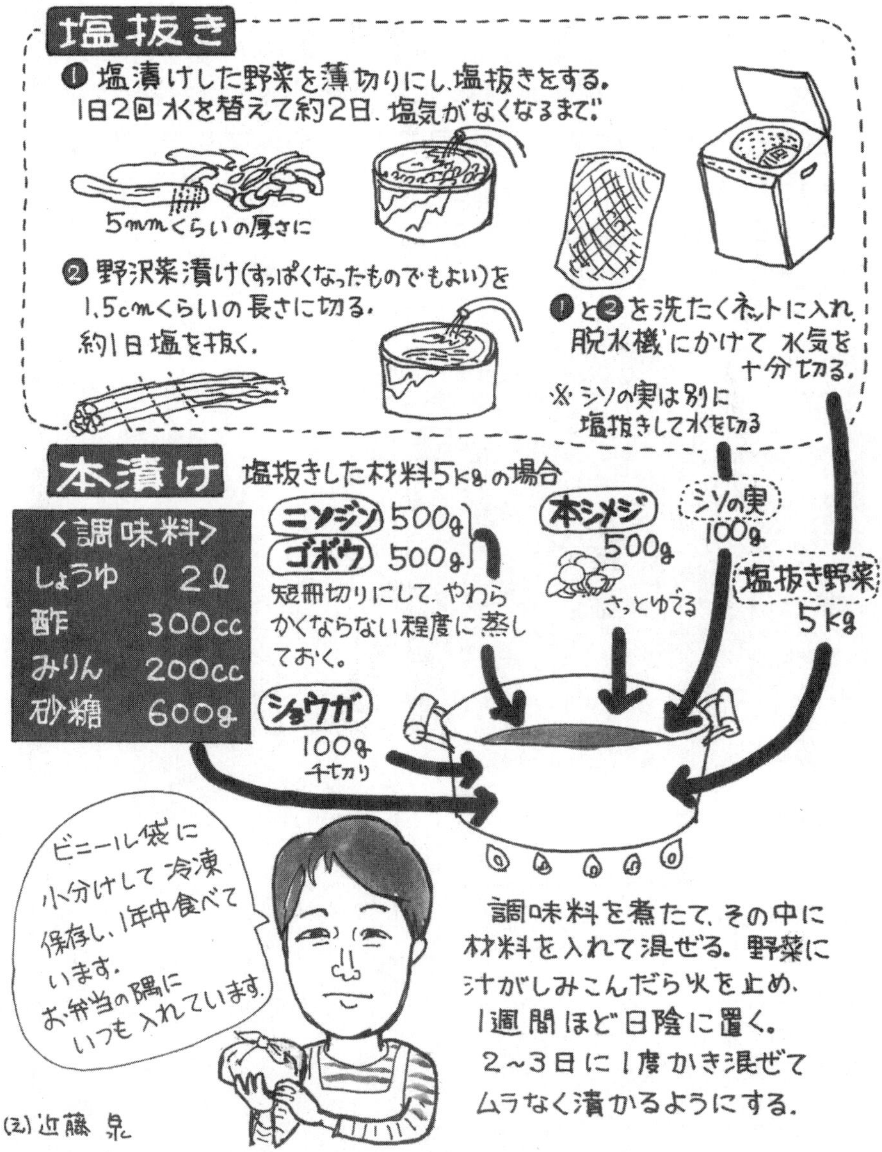
塩抜き
① 塩漬けした野菜を薄切りにし、塩抜きをする。
1日2回 水を替えて約2日、塩気がなくなるまで。
5mmくらいの厚さに
② 野沢菜漬け(すっぱくなったものでもよい)を
1.5cmくらいの長さに切る。
約1日塩を抜く。
①と②を洗たくネットに入れ、
脱水機にかけて 水気を
十分切る。
※シソの実は別に
塩抜きして水を切る
本漬け
塩抜きした材料5kgの場合
〈調味料〉
しょうゆ 2ℓ
酢 300cc
みりん 200cc
砂糖 600g
ニンジン 500g
ゴボウ 500g
短冊切りにして、やわらかくならない程度に蒸しておく。
ショウガ
100g
千切り
本シメジ
500g
さっとゆでる
シソの実
100g
塩抜き野菜
5kg
調味料を煮たて、その中に
材料を入れて混ぜる。野菜に
汁がしみこんだら火を止め、
1週間ほど日陰に置く。
2~3日に1度かき混ぜて
ムラなく漬かるようにする。
ビニール袋に
小分けして冷凍
保存し、1年中食べて
います。
お弁当の隅に
いつも入れています。
(え)近藤 泉

根菜のきざみ

標高1.500mの乗鞍岳《のりくらだけ》のふもと、安曇《あずみ》村の番所《ばんどころ》は、人里に遠かった分、独特のすばらしい食文化のある所です。冬から春にかけて、どの家でも作られていた「きざみ」もその1つ。　その地に住む友人に教えてもらって以来、我が家の定番です。　でも、雪深い山から下った平地で作ると、どうしても番所の味にならないとも…。

〈材 料〉

ダイコン	750g	Ⓐ
ニンジン	100g	Ⓐ
ゴボウ	200g	Ⓐ
長ネギ	80g	Ⓐ
しょうゆ	約1.5カップ	
酒	大さじ2くらい	
七味唐辛子	少々	

① Aの材料を3〜4mmの細かいみじん切りにする。

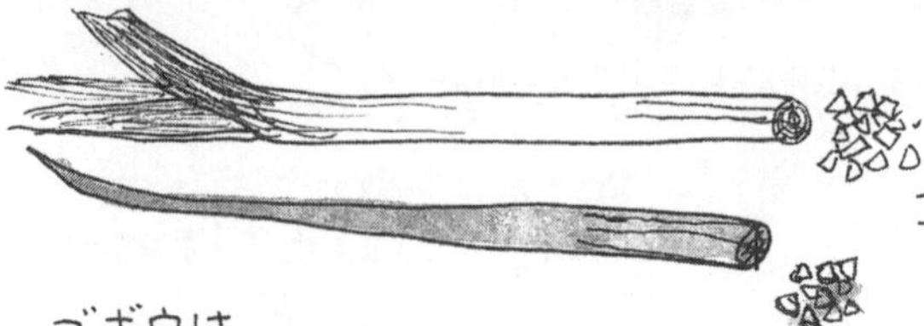

ゴボウは
水(又は酢水)に
さらしてアクを抜く

ゴボウとネギは縦に
2、3本の切れこみを
いれてから小口に切ると
細かくなります。

長野県梓川村 原 寿賀子

❷ 切った野菜の半分を器に入れ
酒少々としょうゆをひたひたに
なるまで入れる。
こうすれば
調味料は目分量でも
失敗しません
酒
しょうゆ
❸ 残りの野菜と七味
唐辛子を入れ、スプーン
でよく混ぜあわせる。
七味
❹ 6時間ほどおいてできあがり。
(夏は冷蔵庫で)
炊きたてのごはんや おもちに
かけていただきます
我家では
レモンや酢を
加えてお肉の
ソースにすること
もあります
お肉のソース
どれだけ
材料を細かく
できるかが
腕の見せどころです
(え) 近藤 泉

いなかピクルス

平成2年の農林水産まつりで県知事賞をいただいた漬け物です。ピーマンでもダイコンでも、生で食べたときのくさみがなくなり、ちょうどいいほどのあっさりした味。隠し味のニンニクもおいしさの秘密です。野菜嫌いの子どもでも、飽きることなく、驚くほどたくさん食べます。お酒のおつまみにもピッタリ。

山の幸にも里の幸にも恵まれた旭村から、自慢の味、「いなかピクルス」をどうぞ。

〈材料〉

調味液

酢	50cc
塩	中さじ2杯
水	2カップ
トウガラシ	1~2本
ニンニク	1片
味の素	少々

野菜

キャベツ ピーマン キュウリ ダイコン ニンジン 青いミニトマト など	全体で500g

❶ 調味液の材料をすべて鍋に入れて煮立て、冷ましておく。

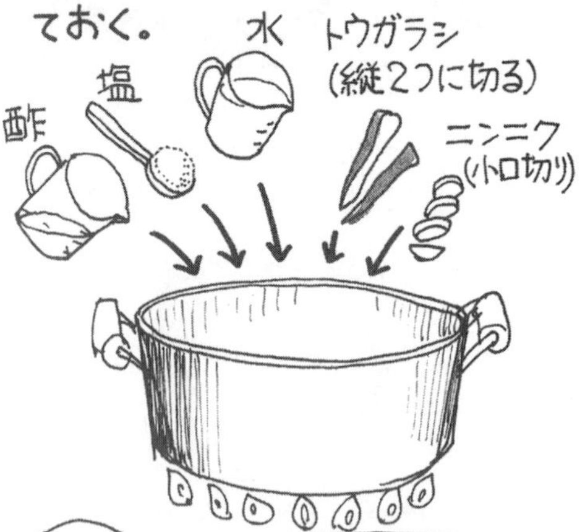
水
トウガラシ
(縦2つに切る)
塩
酢
ニンニク
(小口切り)

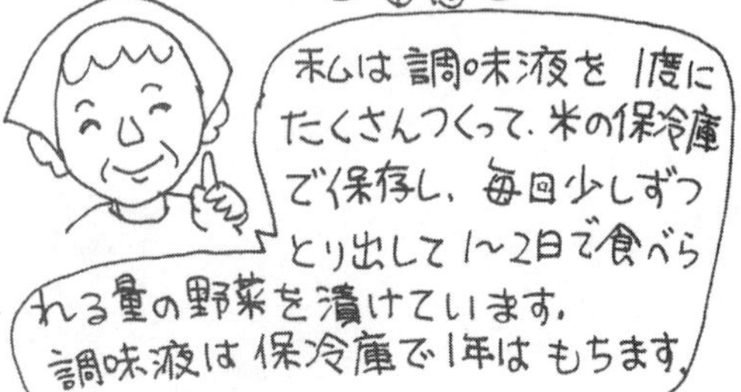
私は調味液を1度にたくさんつくって、米の保冷庫で保存し、毎回少しずつとり出して1~2日で食べられる量の野菜を漬けています。
調味液は保冷庫で1年はもちます。

山口県旭村　林 久子

❷野菜を切る。
ピーマン
キャベツ
ダイコン
ニンジン
青いミニトマト
キュウリ
食べやすい大きさに
拍子木切り
2つに切る
拍子木切り
長さ3～4cm
巾8mmくらい
調味液
キュウリは、色止めのため、熱湯にサッとくぐらせ、冷やしてから切る。
タネが多い場合はタネの部分をとっておく。
❸殺菌したビンに野菜を入れ、❶の調味液を注ぐ。
野菜たっぷり召しあがれ
漬けてから2～3時間で食べられます。
野菜の味や歯ごたえ、キレイな色を楽しむには、漬けて1～2日のうちに食べるのがオススメ。
1週間くらいたつと野菜がしんなりし、色も悪くなってしまいます。

漬物の
コツと技
3

熱湯ドボンでキュウリの漬物はおいしくなる

雫石町の藤本カツ子さんは、漬物好きのおばあちゃん。今年も近所のキュウリ農家にもらったキュウリを樽に6つも漬けて、人にあげるのを楽しみにしています。

キュウリは塩漬け、粕漬け、味噌漬けなどにしますが、おいしく漬ける下漬けのコツをいくつか教わりました。

まず色を鮮やかにするコツ。銅の鍋に塩をひとつまみ入れて沸かした湯にドボンとキュウリを入れます。取り上げて触ったとき熱いと感じる程度まで湯がき、それを冷ましてから塩に漬けるのです。湯がく時間が短すぎると漬けたときに色が変わってしまうので、しっかり熱を通しましょう。

次にパリパリの食感を保つコツ。「塩抜きで水に漬ける時間が長くなるほど、パリパリの食感もキュウリの風味もなくなってしまう」と思うカツ子さんは、塩抜き前に、必ず沸騰した湯にドボンとキュウリを浸けてしまいます。湯の中で2回くらいかき回してサッとあげたら、あとは水に2時間くらい浸けるだけ。これで充分塩気が抜け、パリパリの漬物ができるようになるそうです。

（編集部）

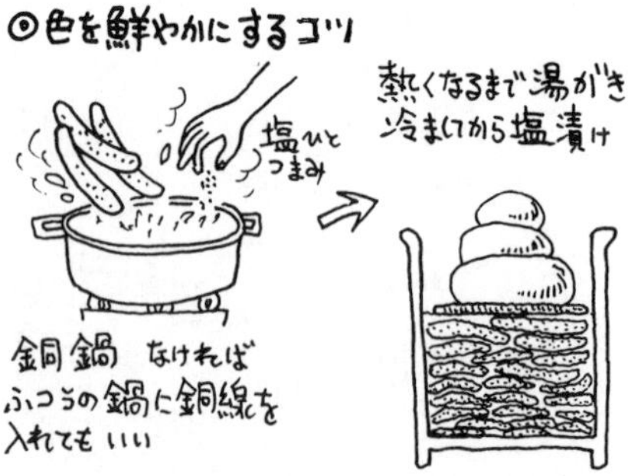

春と秋の山菜漬け

春の訪れを告げる山菜。ワラビにウド、ゼンマイにシドケ……。風味と苦みが体をリフレッシュしてくれる。さっと漬けていただくもよし、下漬けしておいてあとから本漬けしてもよし。

秋の野山はキノコの宝庫。漬物にすることでそれぞれの旨みが凝縮される。ああ、贅沢。

春の山菜 即席漬け

北海道の春の山菜は、雪どけと一緒に出てきます。長い冬から解放された自然の恵みを、簡単においしくいただく方法を紹介します。

わが家の山菜料理の下処理は、生のままか、サッと湯がくかが基本で手間をかけません。山菜の香り、苦味、甘みがそのままごちそうだからです。

生のままで漬ける

シドケの一夜漬け

（モミジガサ）

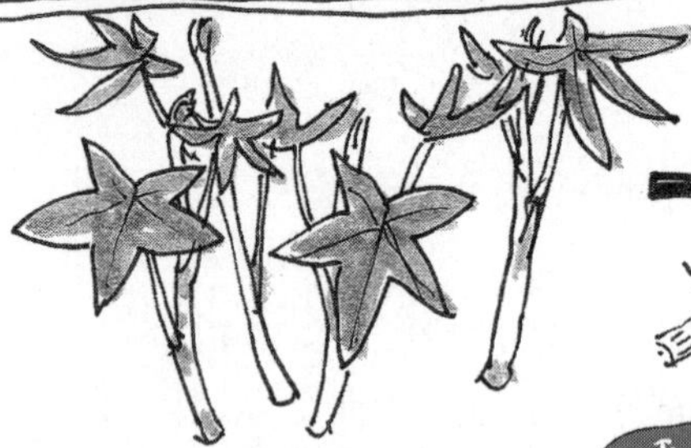

〈下処理〉

よく水洗いし、葉っぱと茎の固い部分は取り除く。

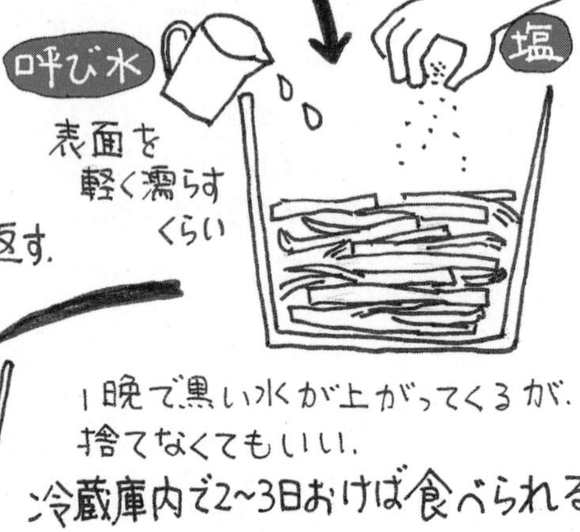

表面を軽く濡らすくらい

底に塩を振った深めのプラスチック容器にシドケを並べてはパラパラと塩を振りかけることを繰り返す。最後に呼び水を少し入れ、皿を載せて重石にする。

1晩で黒い水が上がってくるが、捨てなくてもいい。

冷蔵庫内で2~3日おけば食べられる。

え・近藤泉

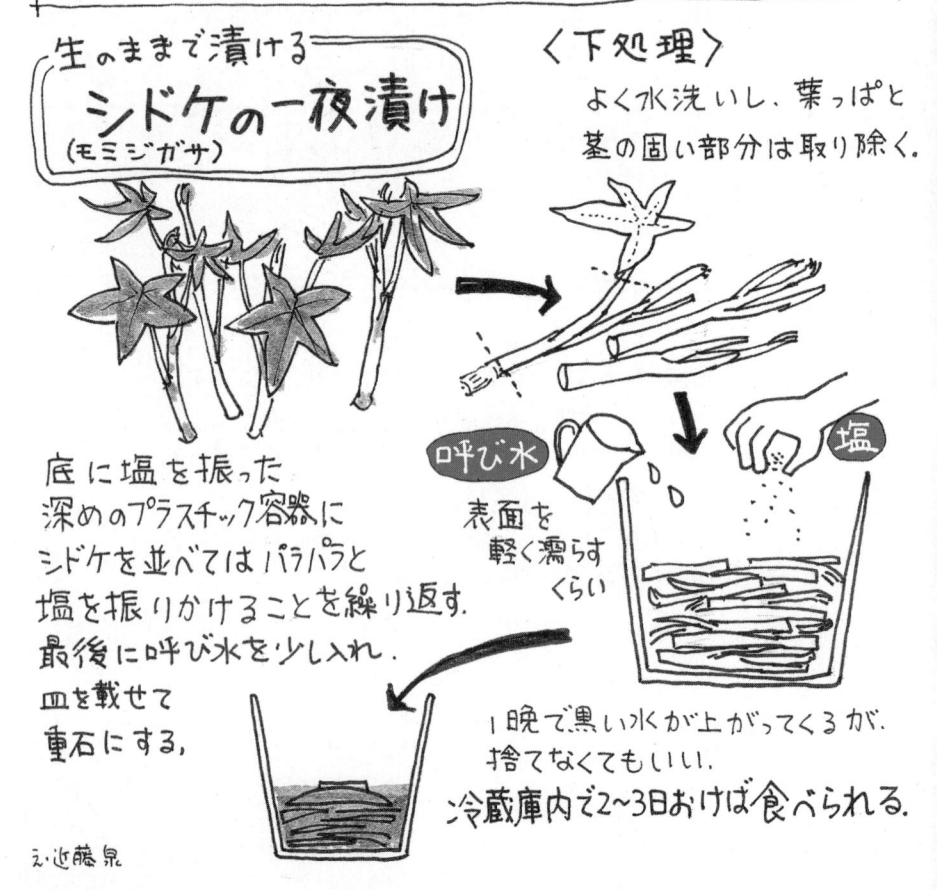

北海道札幌市　坂本ひで子

サッと湯がいて漬ける
ギョウジャニンニクのしょう油漬け
赤い皮は指でそぐと簡単にとれる。
〈下処理〉
① サッと湯がく
薄皮がちょっとむけるくらい
② 水にさらして冷やす
③ 茎の赤い皮と根っこの部分をとる。
プラスチック容器の8分目くらいまでギョウジャニンニクを並べ、ヒタヒタになるくらいにしょう油を注ぐ。
冷蔵庫内で1～2日おけば食べられる。
しょう油
ギョウジャニンニク全体がかぶるくらい
タカノツメ
1～2本
「山菜らしい味」と、家族や友人に好評です。

ワラビの（サラダふう）一本漬け

春にたくさん採れるワラビは、食料の乏しくなる冬に食べるために、昔から塩漬けや乾物にして保存されてきました。そんな昔ながらのワラビの塩漬けを、若い人達にも食べてもらうことができないものかと考え、"サラダふう"の漬け物をつくってみました。

ワラビの塩漬けの方法

ワラビ(穂はとらない)のかさの3～4割分の塩で漬け、1週間～10日たったら、出てきた汁を捨て、再び3割くらいの塩をまぶして二度漬けする。
一度漬けるだけだとワラビがドブくさくなりやすい。

〈材料〉

ワラビ(塩漬け)	5kg
しょう油	900cc
酒	450cc
砂糖	325g
酢	130cc
味塩	1.3g
七味唐辛子	0.25g
トウガラシ	3本

① ワラビの塩漬けを漬け物樽に並べ、熱湯をひたひたになるぐらい注ぎ、お湯が冷めたら捨てる。

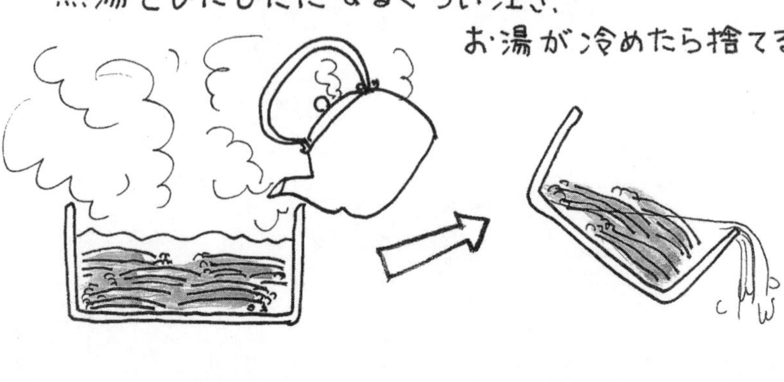

秋田県 秋田県JAこまち女性部
加工研究グループ

（紹介者） 斎藤絹子

2 1晩流水に浸して
完全に塩分を抜く。
ザルにあげて半日おき、
水気を切る。
片手で握ったくらい
の束にしてビニールの
ヒモで縛る。
3 漬け汁をつくる。
しょう油
酒
砂糖
酢
火にかけて混ぜ、
沸騰する手前で火を止め、
味塩・七味唐辛子を加える
4 ワラビを漬け汁で漬ける。
ワラビの束を1段並べるたびにトウガラ
シを1本置き、漬け汁を全体に回しかける。
軽い重石を載せて
3日間ぐらいで
漬けあがり
穂をとらないから
見た目がいかにも
ワラビらしい
え・近藤泉
ワラビのシャキシャキ
感が残り、さっぱりした味が老若男女問わず、たいへん好評です。

ウドの三杯酢漬け

ウドは捨てるところがなく、炒め物、煮物、クルミ和え三杯酢漬けなどいろいろな食べ方があります。
なかでも三杯酢漬けは、ヘルシーでおいしいので、毎年この時期になると漬けて楽しんでいます。

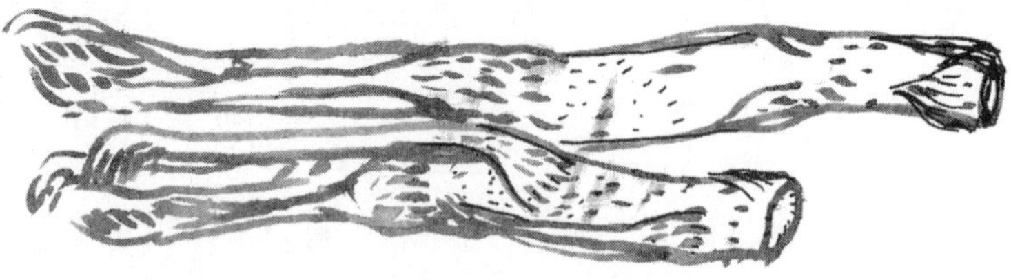

① ウドは洗って皮をむき、短冊切りにする。

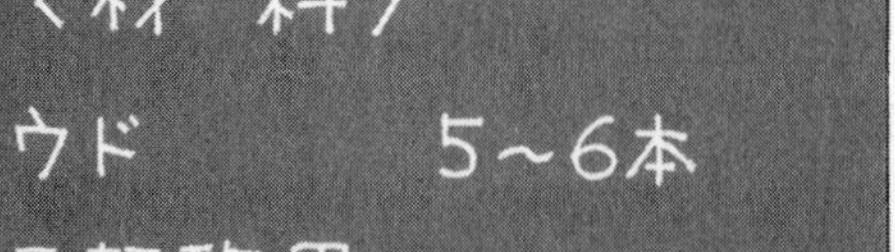

〈材料〉

ウド	5～6本
三杯酢用	
酢	約200cc
砂糖	約200g
塩	ひとつまみ

② 酢水に浸けてアクを抜く。

10分も浸ければ十分です。

長野県上田市 飯嶋さと志

3 グラグラ沸騰した湯にウドを入れる。
シャキシャキ感がなくならない程度に軽くゆでる。
酢を少し入れると ウドが白く仕上がる
酢
ゆであがったウドは冷水に浸けて冷ます
ウドが浮かないように皿などを載せる
プラスチック容器
4 水を切って三杯酢に漬ける。
酢、砂糖、塩をあらかじめ混ぜあわせて作った三杯酢をヒタヒタに注ぐ。
翌日から食べられる。冷蔵庫で2ヵ月くらいはもつ。
漬けている間に砂糖や酢を足して、好みの味に調整します。私はお茶うけ用に、少し甘めにするのが好きです。

山菜ピクルス

私の住むところは中山間地で、春には採草地に、ゼンマイ、ワラビ、イタドリなどがいっせいに生えてきます。これらを塩漬けにして保存し、遅れて出てくるタケノコやリュウキュウ（ハスイモの茎、ズイキのようなもの）を加えて作るのがこの「山菜ピクルス」です。

山間に住む農家のよさを活かし、山の資源を大切に食べ、販売にも取り組みはじめました。

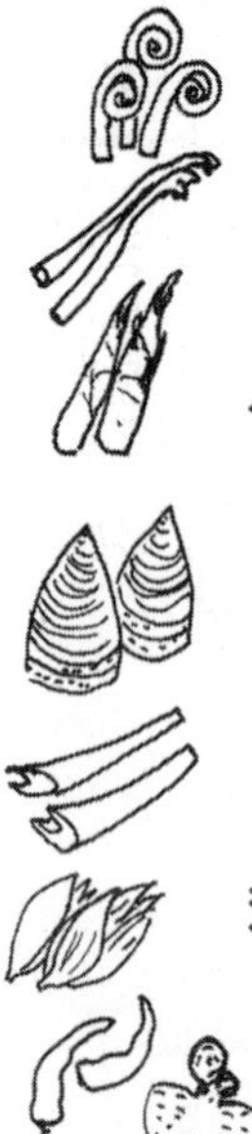

- ゼンマイ………さっとゆでてから干す …130g
- ワラビ………さっとゆでる …350g
- イタドリ………皮をはぐ …230g
- タケノコ………30分くらいゆでる …320g
- リュウキュウ……皮をはぐ …320g
- ミョウガ 50g

トウガラシ
ショウガ　は好みで

塩漬け

それぞれを塩漬けする。最初は15%くらいの塩で下漬け、30日くらいで1度水を捨て、さらに30%くらいの塩を加えて漬け込む。

この状態なら1年ぐらいもつので、必要に応じて取り出して使う。

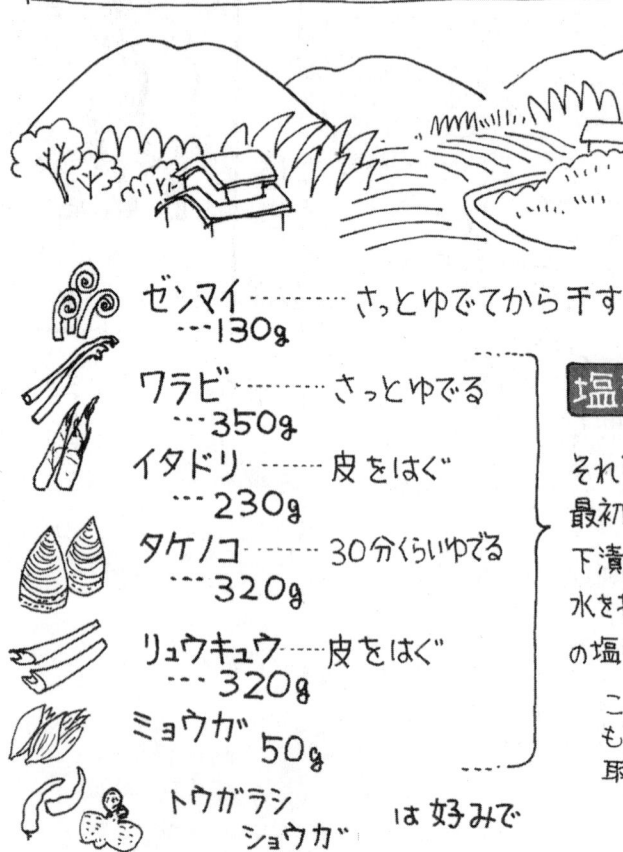

高知県いの町　川村露子

下準備

＊塩漬けした材料は水に3～5時間つけて塩抜きしたものを3cmくらいにザク切りする。
＊ゼンマイは食べやすい固さになるまでゆがき、3cmくらいに切る。
＊調味液を合わせて煮立て、砂糖を溶かし、冷ましておく。

〈調味液材料〉

酢	280cc
しょうゆ	130cc
砂糖	250g
酒	20cc
ダシの素	好みで

トウガラシ
（輪切り）
ショウガ
（千切り）
ちらし寿司や
山菜うどんの具
お酒のおつまみ
としても
おいしいですよ

仕上げ

混ぜ合わせて
4～5日おくと
食べ頃です

ツワブキの粕漬け

ツワブキは そこらじゅうに生えていますが、私たち門川町農産加工グループでは、販売用に栽培しています。畑は海岸べり。塩風が吹くところでないと いいツワブキは採れないからです。収穫するタイミングは 女性にたとえると20～30才くらいのとき。あまり若すぎると やわらかすぎ、大きすぎると固くて おいしくなくなってしまいます。葉が コウモリ傘をちょっとすぼめたような形のときが いいでしょう。

塩漬け

〈材料〉

ツワブキ	5kg
塩	250～500g

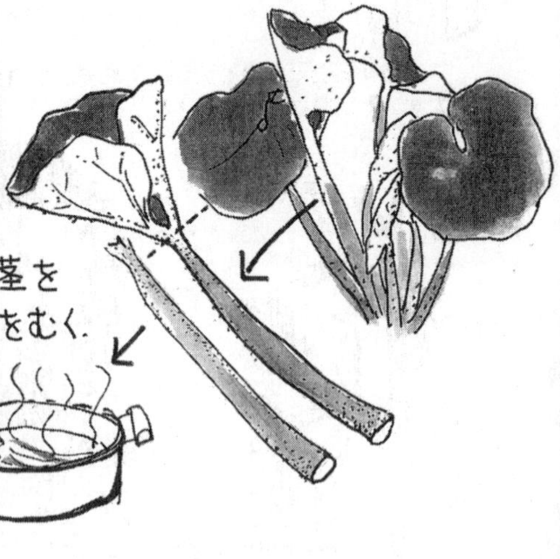

ツワブキの 葉を取り除き、茎をサッと熱湯にくぐらせてから 皮をむく。

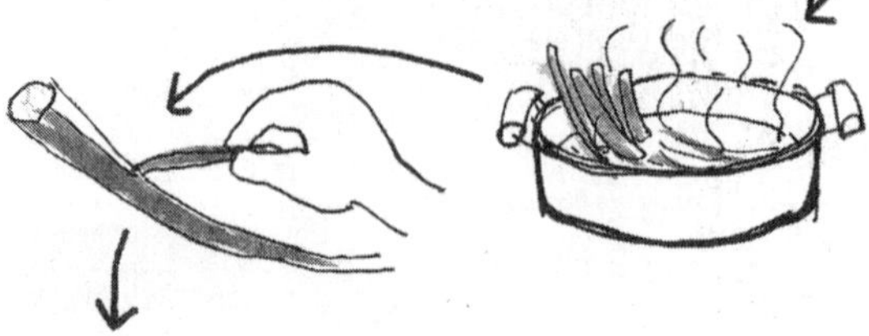

1晩 水につけて
アクを抜く

皮をむいてから光にあてると色が黒くなってしまうので、光をあてないようにするのがコツ!

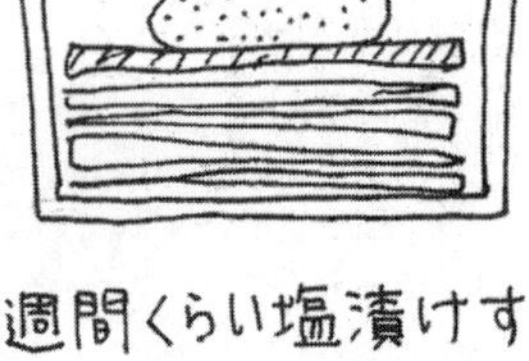

1週間くらい塩漬けする。

宮崎県門川町 ● 川崎ユリ子

本漬け
〈粕床の材料〉
酒粕 10kg
中双《ザラ》糖 2kg
みりん 400cc
焼酎 400cc
粕床の材料を混ぜ合わせる.
焼酎
みりん
中双糖
本漬けの1ヵ月くらい前に混ぜあわせておいた方が味が良い
三等分にしておく
冷暗所にとっておく
塩抜きしたツワブキ
ツワブキと粕床を交互に重ねて本漬け
1回
2ヵ月
2回
2ヵ月
3回
使い終わった粕床は. 捨てずに キュウリなどを漬けるとおいしい漬け物ができる.
2ヵ月ごとに3回漬けかえる. 2回でも食べられるが. 3回漬けかえた方が. 味にコクが出る.
そのまま食べても おいしいですが. チクワの穴にキュウリと一緒に詰め. 斜めに切ると. 見栄えもきれいでおいしいですよ. お酒の肴にピッタリです

4
山菜

いろいろ キノコの塩漬け

秋は、私の大好きなキノコが採れる季節。時期になると、1日おきに裏山へ出かけ、キノコを1kgぐらい採ってきます。採れるのは ハタケシメジ、アミタケ、ウラベニホテイシメジ、クリタケ、ナラタケなどです。

いつでも食べられるように塩漬けにしておきます。食べるときは 塩抜きして、大根おろしとあえたり、煮物にしたり。いろいろに楽しめます。

キノコが私を呼んでいる……

〈材料〉

いろいろなキノコ……………1kg

塩（3カ月ぐらい保存するとき）…150〜200g

（半年以上保存するとき）…500〜800g

柿の葉 または 笹の葉………数枚

① ゴミを取りのぞいて石づきをとる。

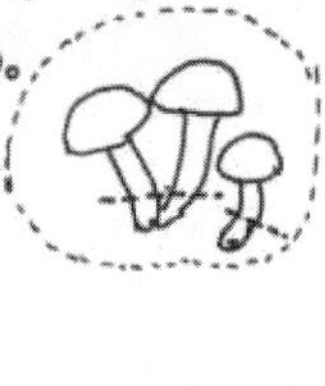

長野県東部町 ● 小林かつ江

② 水をいれた大鍋に
キノコを入れ、5分ぐらい沸騰
させてゆでこぼす。
③ 流し水で1つ1つ
きれいに洗い、水を切る。
押しブタ
葉（柿か笹）
重石
上は塩を
たっぷり
塩をまぶした
キノコ
容器は
ホーローかカメ
アルミは腐蝕するのでダメ。
④ 水を切ったキノコにたっぷり
の塩をまぶし、容器（ホーローか
カメ）に入れ、最後にキノコが見
えないくらい塩をのせる。
カビを防ぐため柿又は笹の葉で上
をおおい、重石をして冷暗所に
保存する。
食べる分だけ取り出す。
5分ぐらいゆでこぼし、水を時々
とりかえながら1日ぐらい塩抜き
する。
キノコは
どうやって食べても
おいしいネ
いつでも
食べられると
うれしいよ
大根おろしで
あえる
キノコうどん
ピクルスに
いれても
おいしい
塩抜き加減は
料理によって
かえます
え・
近藤泉

絶品「ミズたたき」の秘密はニンニクのハチミツ漬け

横手市の石沢マサ子さんに山内の郷土料理「ミズとろろ（たたき）」のつくり方を教えてもらいました。まず山菜のミズ（両手2つかみ分）をまな板の上に置いてすりこぎでたたいたら、すりおろしたニンニク（1玉）と味噌（大さじ山盛り1杯）を加えて、包丁で細かくたたいて仕上げます。ニンニクが入っているため、普通はくさみがありますが、マサ子さんの家では、皮をむいたニンニクをハチミツに1、2カ月漬けこんで使っているので、くさみが和らぎ、味もまろやかで濃くなるそうです。

また漬けたハチミツのほうはニンニクの風味が残っているので、砂糖の代わりに使えば、絶妙な隠し味に！　ぜひ、皆さんも作ってみては。

（編集部）

味付けが光る
果物の漬物

いっぱいとれた果物、ちょっと未熟な果物もおいしく変身！　果物と味噌、甘酢や黒砂糖、カラシ（！）を組み合わせると、ちょっと目先の変わったお茶うけや、つまみのできあがり。生のときとはちがう食感でまた手がのびる。

ご近所や直売所で好評、珍しがられること請け合いの果物の漬物。

イチゴの甘酢漬け

なんでも酢漬けにしたりして 楽しんで 食べています。
イチゴを 酢漬けにしたら どんな味だろうと思って つくってみました。 酸っぱいかなと思いましたが、案外おいしく、汁も薄めれば ジュースとして飲めます。
冷凍しておくと暑い時期にもおいしく食べられます。
そのせいか去年は夏バテせずに過ごせました。

〈材 料〉

イチゴ……500g
酢……500cc
氷砂糖…300〜400g

氷砂糖の量は使う酢によって変える。
市販の**ラッキョウ酢**を使う場合……300g
玄米酢や**米酢**を使う場合……400g

① イチゴを洗って
ヘタを取る。

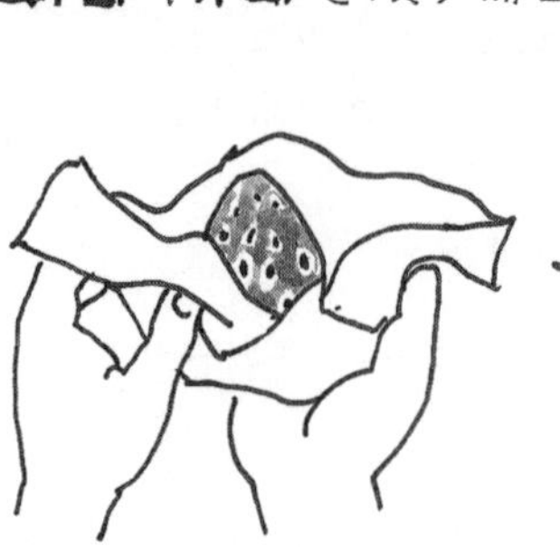

水洗いしたら
キッチンタオルなどで
水分をとり、

包丁でヘタをとる

鹿児島県大崎町　稲葉和子

② 酢と氷砂糖で漬ける.

酢
イチゴ、氷砂糖の順に
入れ、上から酢をかける。
2~3日して氷砂糖が
溶けたらできあがり。
イチゴはビンから
取り出して、冷凍して
おくとよい。
1500ccくらいの
広口ビン
サラダなどの
つけあわせに
そのまま
食べてよし
アイスクリームにかけても
キレイでおいしい
汁は水で
うすめて
ジュースに

甘柿の味噌漬け

お友達から柿の漬け物の話をきき、うちの柿と自家製味噌を使って作ってみました。なるほどとっても簡単においしい漬け物ができます。少し工夫して、今の漬け方にしました。折り詰めの端のほうに入れて人に出すと、「これ何?」と言われます。「柿だよ」と言うと「へー、こんなして食べるんだ」と驚かれますが好評です。

〈材 料〉

甘柿……3～4個
(小さめでやわらかくなる前のもの)

味噌……適量
(市販のものでもいい)

生で食べても甘くておいしい「ゴマ」(果肉の黒い点々)がたくさん入った甘柿がよい。

① 甘柿の皮をむき、ハッ切りにする。

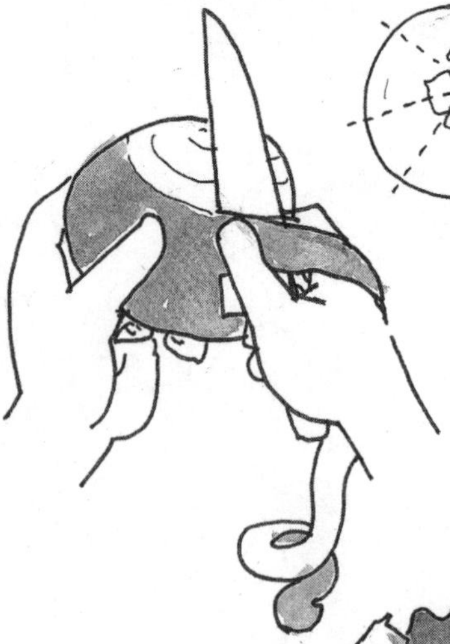

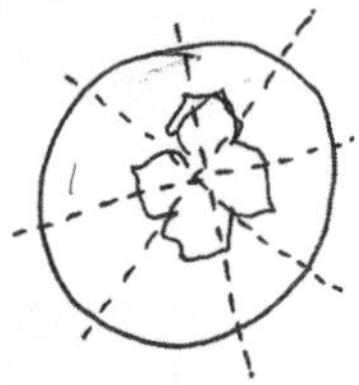

ヘタとタネを取る

富山県滑川市　江下カズ

❷ 容器の底に2cmくらい味噌を入れ、その上に柿と味噌を交互に重ねて漬ける。

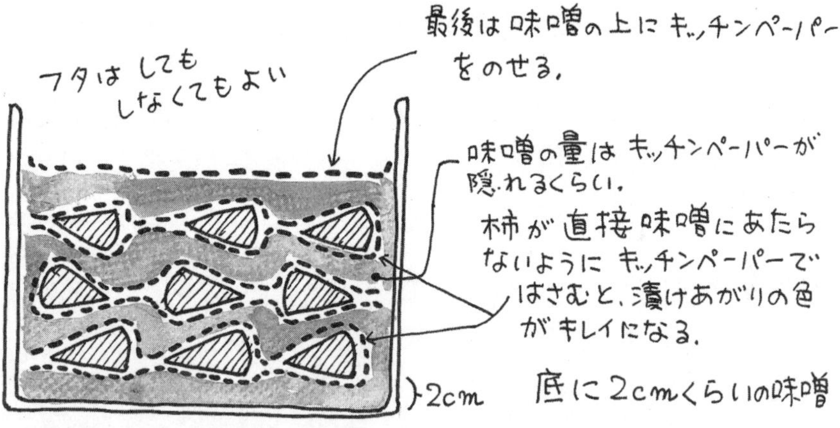
最後は味噌の上にキッチンペーパーをのせる。
フタはしてもしなくてもよい
味噌の量はキッチンペーパーが隠れるくらい。
柿が直接味噌にあたらないようにキッチンペーパーではさむと、漬けあがりの色がキレイになる。
2cm
底に2cmくらいの味噌

冷暗所で1日半ほど置けばできあがり。甘柿の甘みに、味噌の塩気と香りが加わっておいしい。長くおくとしょっぱくなるので、2〜3日で食べきれる量を漬けた方がいい。

味噌は水気をとれば2回ぐらい使える
へぇーおいしいね
何これ、柿なの?!
え．近藤泉

干し柿とユズの砂糖漬け

河原町山上集落は、カキとナシの産地として有名なところ。
毎年秋になると、干し柿をつくらない家はありません。
私はカキのない村からお嫁に来たので、干し柿もカキも珍しくて貴重品のよう。食べ切れない干し柿も捨てるのがもったいなくて考えたのがこのユズの砂糖漬けです。
干し柿は甘すぎて苦手だという人にも、酸っぱくて口当たりがよいと好評です。

5

カキ

〈材料〉

干し柿	20個
ユズ	3個
砂糖	小さじ1杯

① 干して固くなった干し柿のヘタを取り、開いてタネを取る。

② ユズは横2つに切り絞ってタネを除く。

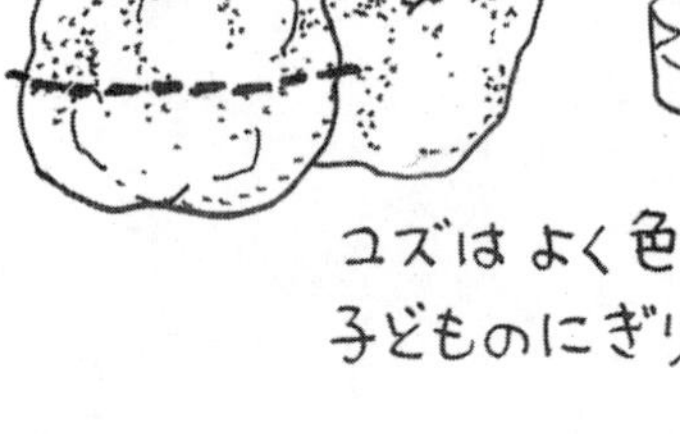

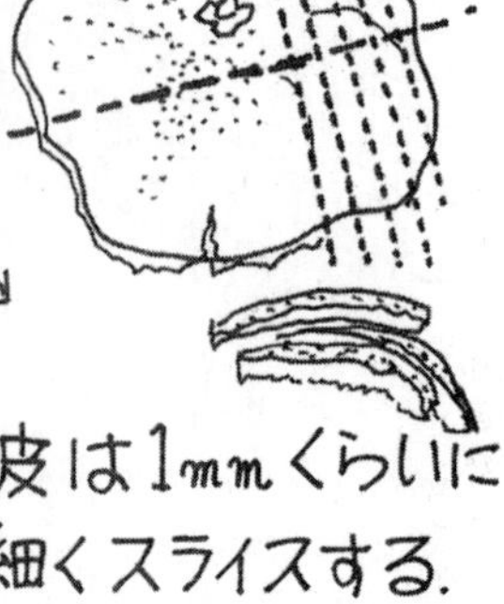

③ 皮は1mmくらいに細くスライスする。

ユズはよく色づいたもので
子どものにぎりこぶしくらいの大きさのものを使う

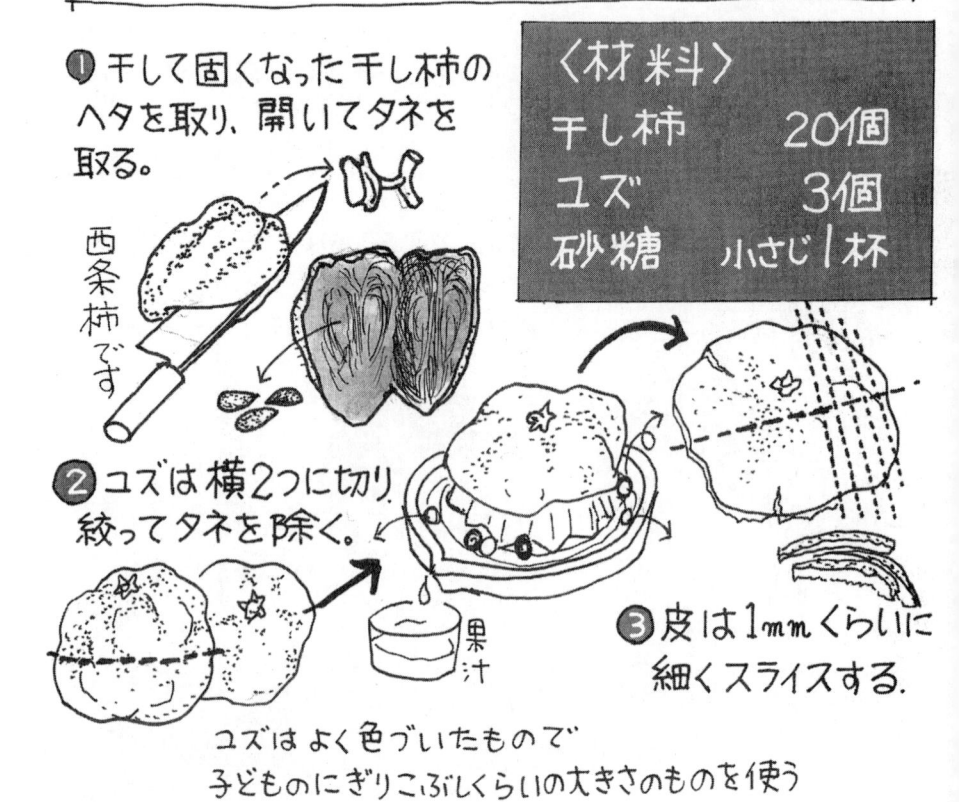

鳥取県河原町　下田宗子

④スライスしたユズ皮と砂糖を混ぜあわせてしんなりさせる。

⑤タッパーに砂糖漬けのユズ皮と開いた干し柿を 交互に重ね、最後に上から ユズの絞り汁をふりかける。

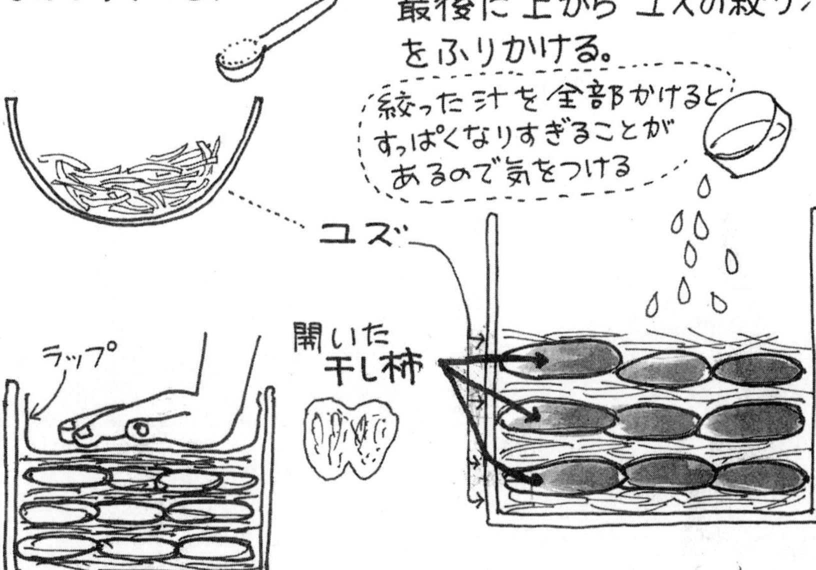
絞った汁を全部かけるとすっぱくなりすぎることがあるので気をつける
ユズ
開いた干し柿
ラップ

⑥上にラップをのせ、空気を抜くように 手で押さえ、味をよくなじませる。

タッパーのフタをして3日ほどで できあがります。

あったかーいお茶にユズの香りがひろがって……

もちろん ユズも食べられます

え・近藤 泉

ブドウのカラシ漬け

うちはブドウ農家なので、出荷する房の形を整えるときに取ったりする粒が多くあります。　捨てるのももったいないと考え、ふっと思いついたのが「カラシ漬けにすれば長くもつかな」ということでした。
会合などでみなさまに食べてもらい、「めずらしい」「おいしい」と受けています。

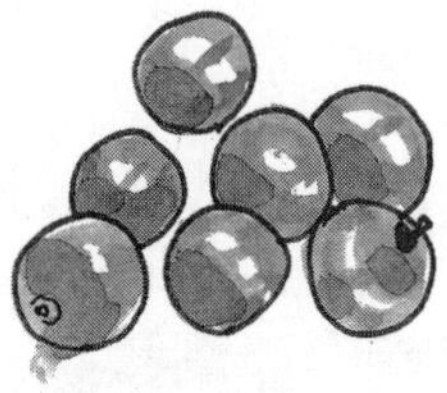

〈材料〉
ブドウ………500g
（熟したもの、品種は巨峰やピオーネ）
カラシ粉…中さじ2.5杯

1 沸騰させた湯にブドウをくぐらせ、皮をむく。

ブドウの皮が
パチッと割れたら
（1分くらい）
ザルにあげて冷ます

ちゃんと皮が割れなくても、むきやすくなっている。

島根県雲南市　渡部利子

②ブドウにカラシ粉をよくまぶす。

③プラスチック容器かビンに入れてフタを閉め、冷蔵庫に入れる。

ブドウから汁が出てくるとともに辛みが染み込む。翌日から食べられる。

ブドウの甘みと酸味に辛みが加わった複雑な味…

お茶うけとしてビールのつまみとして好評です。

……ピンク色した丸い漬け物……

え・近藤 泉

摘果メロンの黒ちゃん漬け

妹背牛町では5月にメロンの摘果がはじまります。近所の人に譲ってもらってすぐに塩漬けし、冬場、時間があるときに本漬けです。多くの人とふれ合いたいということと、大地のめぐみを大切にしたいという思いから、地元の直売所に出しております。昨年、両膝を人工関節にしたのであまり無理はできないと思うけれど、細々とでも続けたいです。生きることは食べること、食べるものは自分の手でつくりたいですよね。

塩漬け

①縦半分に2ッ割りし、タネを取る。

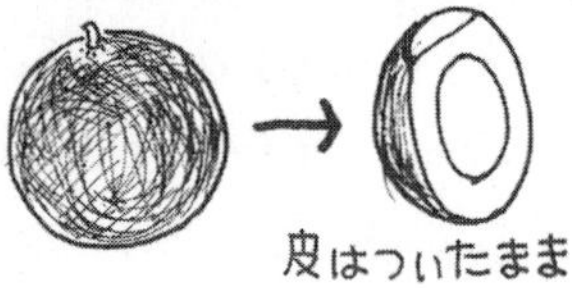
皮はついたまま

5月は忙しいので
摘果直後のメロンを
とりあえず塩漬け
します

②塩をまぶして漬ける。

③水が上がったら捨てる。
さらに塩を加えて全体にまぶす。
メロンは水分が多いので、これを3回はくり返し、腐るのを防ぐ。

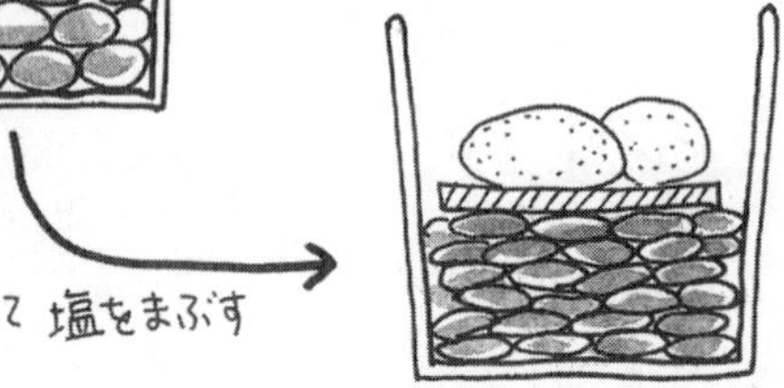
水を捨て 塩をまぶす

このまま冬まで保存します

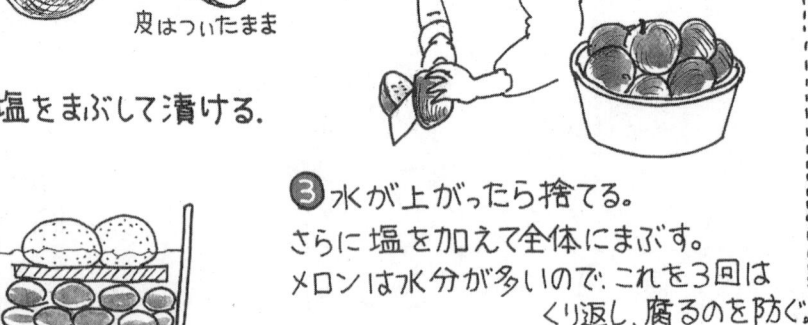

北海道妹背牛《もせうし》町 ● 五井久恵

塩抜き

塩抜きは約3日。
毎日3回水を替える。
塩気がなくなったら
ザルにあげて水を切る。

冬になったら
時間ができるので
塩抜きして
いよいよ本漬けです

下漬け

塩抜きしたメロン	10kg
しょうゆ	1ℓ
砂糖	2kg

①メロンを樽に入れ、上から砂糖としょうゆを混ぜたものを注ぐ。重石をして3日ほどおく。

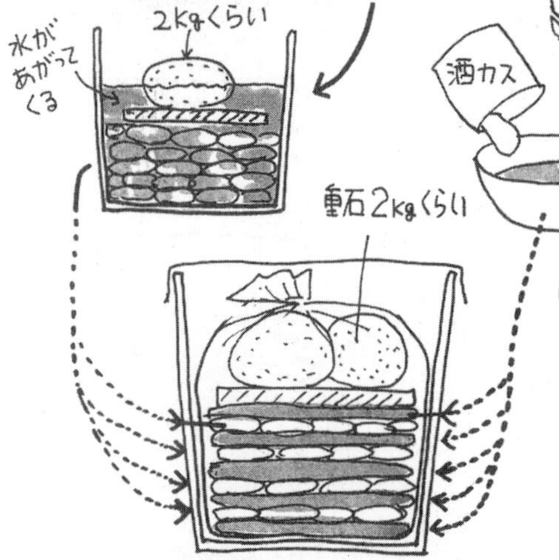
2kgくらい
水があがってくる
重石2kgくらい

本漬け

酒カス

しょうゆ	1ℓ
黒砂糖	2kg
酒カス	4kg

①黒砂糖としょうゆを火にかけて溶かす。

②冷めてから酒カスを加えてよく混ぜる。

③下漬けしたメロンと②とを交互に漬けこむ。

20日で完成です。おいしいよ!!

え.近藤泉

モモの甘酢漬け

摘果したモモも、せっかくとったのだから大切に活用したい。この甘酢漬けは、「もったいない」から生まれた漬け物です。昨年、150g 400円で販売したところ、50パックがすぐに完売しました。 フルーツ感覚で食べられますし、サッパリした味とモモの食感が喜ばれています。

①下漬け

皮をむいたモモを
薄くスライスする

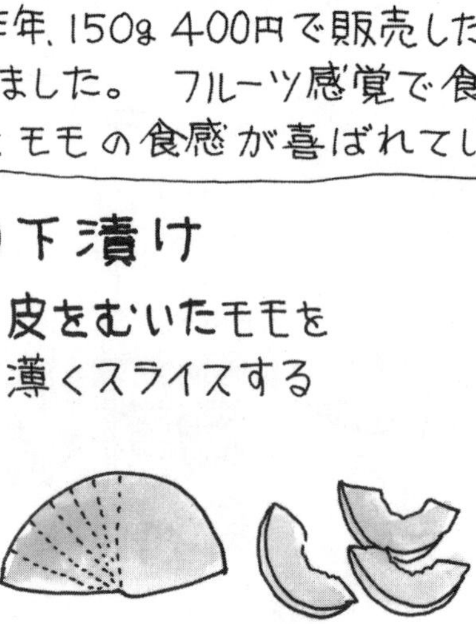

〈材 料〉

硬めのモモ	4kg
クエン酸	8g
塩	ひと握り
塩もみしたシソ	1把分
氷砂糖	1kg

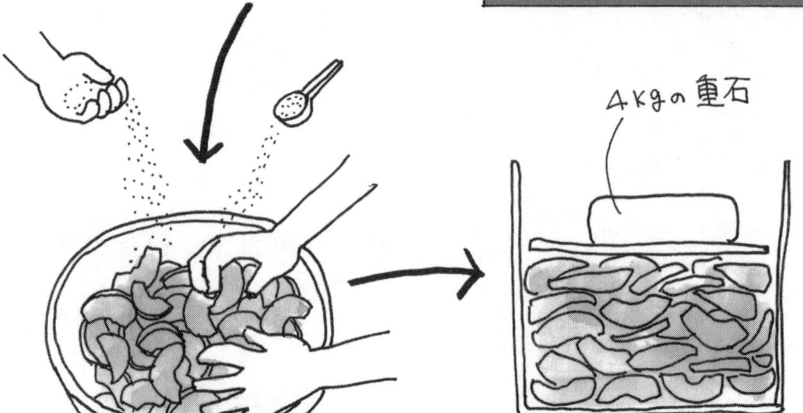

塩とクエン酸をふりかけ、
もみながらなじませる。

水が上がってくるまで
1日ほど漬ける

福島県須賀川市 阿部農縁

（紹介者） 寺山佐智子

下漬けしたモモの水分を切る
❷本漬け
モモを 氷砂糖と 塩もみしたシソで 漬ける
4kg
シソ
氷砂糖
モモ
4kgの重石をして モモがピンクになれば 完成（4日）
私たち 2人で 無添加の 漬け物を つくっています

ユズの丸ごと味噌漬け

私の地域では昔からつくっているユズの漬け物です。山や畑に行くときには、この漬け物を具にしたおにぎりを持って行ったり、家ではお茶うけにしたりお茶漬けにして食べます。ユズを収穫する冬の時期に漬け込むと、次の年の9月頃から2～3年食べられます。タクアンのようなコリコリした食感と、ユズのすっぱい味がおいしいです。

〈材　料〉

ユズ………50個
(黄色くなったもの)

味噌………15kg
(仕込んで3~6カ月の若いもの)

ユズは黄色くなってから収穫
色づいてから2~3回霜に当たったものが苦味が少なくて使いやすい

①ユズを下ごしらえする

沸騰したお湯にユズを丸ごと入れて5分ほど茹でる。

茹でると皮の苦味がなくなる

火を止めて
半日おく

ザルで水を切ってから
ふきんでていねいに水気を
拭き取る

宮崎県諸塚村　七ツ山婦人加工グループ

（紹介者）　甲斐真由美

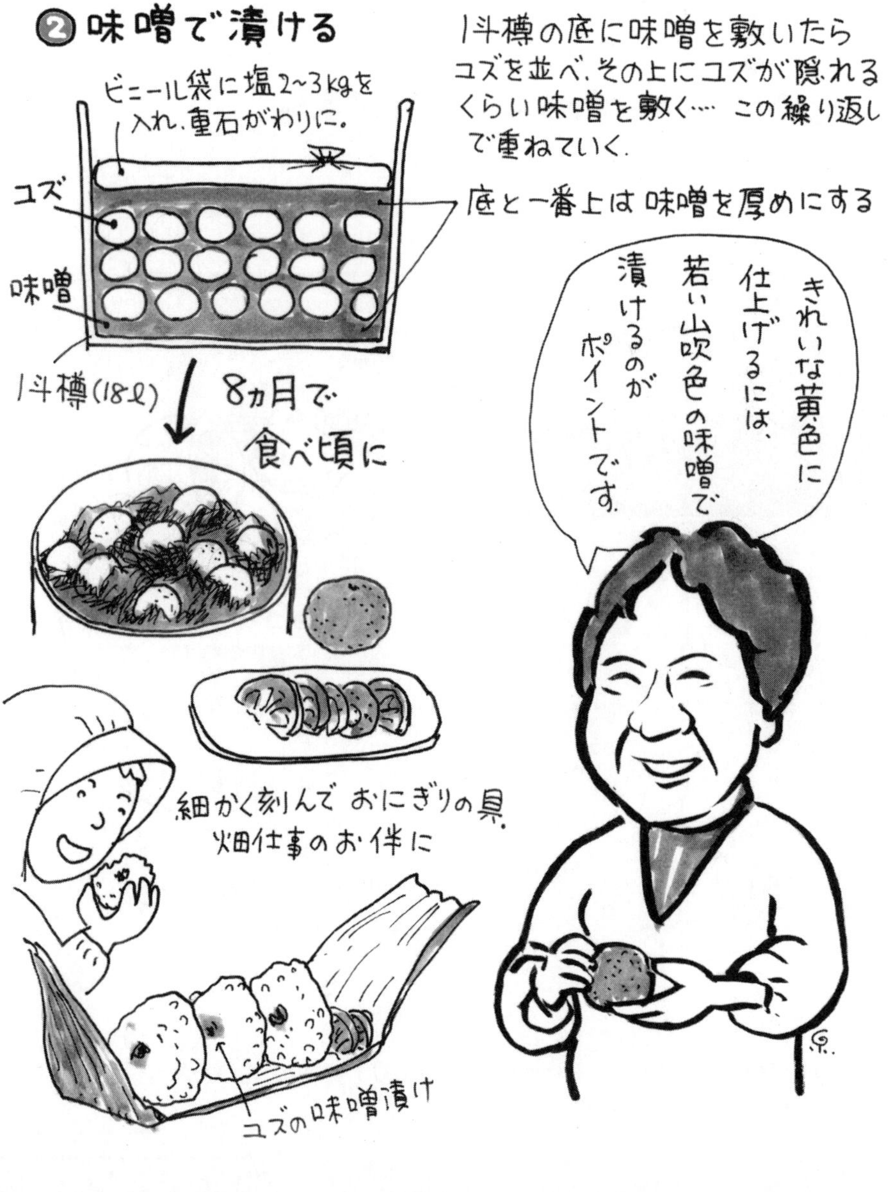

②味噌で漬ける
ビニール袋に塩2~3kgを入れ、重石がわりに。
ユズ
味噌
1斗樽(18ℓ)
1斗樽の底に味噌を敷いたらユズを並べ、その上にユズが隠れるくらい味噌を敷く…　この繰り返しで重ねていく。
底と一番上は味噌を厚めにする
8カ月で食べ頃に
きれいな黄色に仕上げるには、若い山吹色の味噌で漬けるのがポイントです。
細かく刻んで おにぎりの具。
畑仕事のお伴に
ユズの味噌漬け

図解 酸っぱい漬物はこんなに健康的

酸っぱい古漬けは身体にいいといわれるが、実際はどうなのだろうか？
漬物の乳酸菌に造詣が深い東京農業大学の岡田早苗教授に聞いてみた。

● 酸っぱさの元は乳酸菌の出す乳酸

漬物を漬けるとさまざまな乳酸菌が現われる。

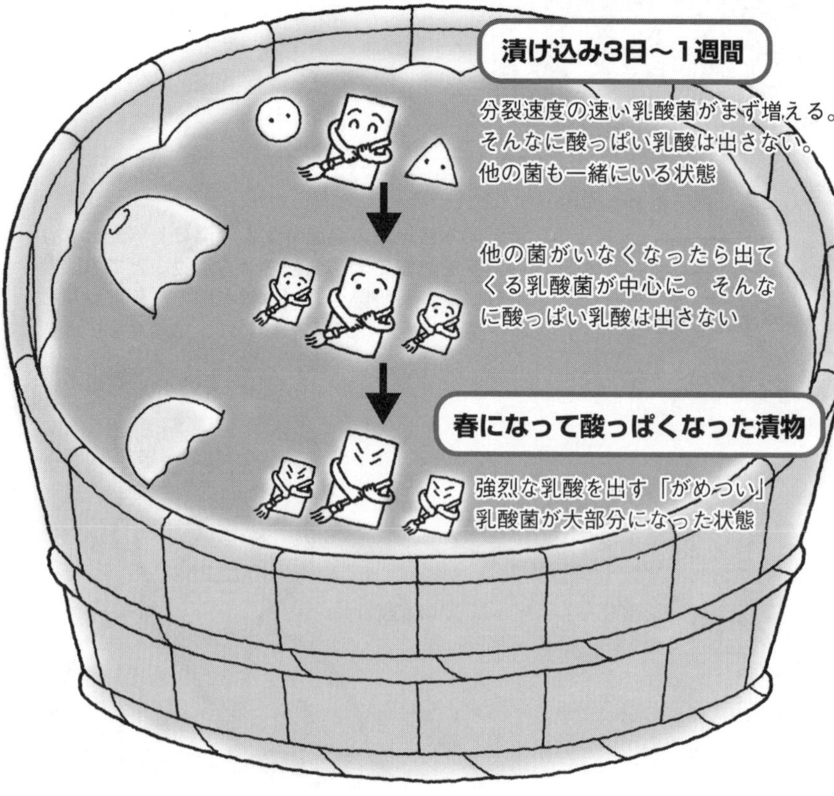
漬け込み3日〜1週間
分裂速度の速い乳酸菌がまず増える。そんなに酸っぱい乳酸は出さない。他の菌も一緒にいる状態
他の菌がいなくなったら出てくる乳酸菌が中心に。そんなに酸っぱい乳酸は出さない
春になって酸っぱくなった漬物
強烈な乳酸を出す「がめつい」乳酸菌が大部分になった状態

おおまかにいって、性質の異なる乳酸菌が2〜3代入れかわる。菌数は1g中10億が最大で、時間が経ったからといってどんどん増えるわけではない。漬物が酸っぱくなるのは、乳酸菌の出した乳酸が蓄積されていくから。

酸っぱい漬物は料理しても健康的

①乳酸でお腹すっきり

乳酸菌自体は加熱すると（60度以上で）死ぬが、蓄積された乳酸は残る。腸内で悪玉菌を抑制。また、乳酸が刺激となり、腸のぜん動運動が活発となる。

もちろん古漬けを加熱せずにそのまま食べるのが一番効果的。古漬けにいる強烈な乳酸を出す乳酸菌は、胃酸にも負けず、腸まで辿り着く。そこでも乳酸を出してくれる。

②乳酸菌そのものが、アレルギーなどを軽くする

長野県木曽地域の名産「すんき漬け」（赤カブの葉茎を無塩で乳酸発酵させた漬物。とても酸っぱい）。長野県全域（木曽を除く）のアレルギー罹患率が44.3%なのに対し、木曽地域では16.9%だったという報告もある。

古漬けが健康的といわれるのは、
乳酸菌の出す酸や、カラ（死骸）
が多く含まれるからです

岡田早苗教授
おいしいすんき漬けに
適した乳酸菌を選定した

花粉症などのアレルギー性疾患は免疫のバランスの崩れが原因のひとつ。乳酸菌はたとえ死んでも、その菌体の死骸が免疫のバランスを調整してくれるというのが最新研究でいわれているそうだ。感染症の風邪などにも強くなる。

素材別 さくいん

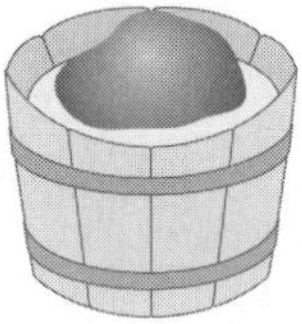

＊本書は2001～2012年に月刊「現代農業」に掲載された記事から転載・抜粋したものです。文中に出てくる団体名や市町村名は、雑誌掲載時のものです。

＊本書は2013年3月に発行した「別冊うかたま　農家に教える　至福の漬物」を単行本化したものです。

農家が教える　至福の漬物

2013年11月25日　第1刷発行
2019年11月 5 日　第7刷発行

編者　農山漁村文化協会

発行所　一般社団法人　農山漁村文化協会
〒107-8668　東京都港区赤坂7丁目6-1
電話　03（3585）1142（営業）　03（3585）1145（編集）
FAX　03（3585）3668　　振替　00120-3-144478
URL　http://www.ruralnet.or.jp/

ISBN978-4-540-13189-9
〈検印廃止〉

DTP制作／㈱農文協プロダクション
印刷・製本／凸版印刷㈱

イラスト●　近藤泉
アルファ・デザイン
高橋しんじ
こうま・すう

写　　真●　田中康弘
黒澤義教
小倉かよ

定価はカバーに表示
乱丁・落丁本はお取り替えいたします。